LE SIÈGE DE JÉRUSALEM

Tout exemplaire qui ne sera pas revêtu de
notre griffe sera réputé contrefait et poursuivi
conformément aux lois.

BIBLIOTHEQUE
CHRÉTIENNE ET MORALE

approuvée

PAR Mgr L'EVÊQUE DE LIMOGES

in-12 2ᵉ série.

Siége de Jérusalem.

LE

SIÉGE DE JÉRUSALEM

PAR

AMAND BIÉCHY.

LIMOGES

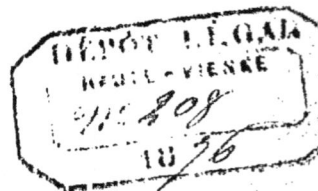

BARBOU FRÈRES, IMPRIMEURS-LIBRAIRES.

LE

SIÉGE DE JÉRUSALEM.

Depuis longtemps Jérusalem et une partie de la Judée étaient soumises à un gouverneur romain, pendant que le reste reconnaissait pour roi le juif Agrippa, de la famille d'Hérode. Florus gouvernait Jérusalem; et sa tyrannie se faisait durement sentir sur le peuple. Les Juifs, exaspérés, se soulevèrent. Ni les conseils d'A-grippa, ni les sollicitations de plusieurs d'entre leurs frères ne purent les apaiser.

Les Juifs, divisés ainsi entre eux, ne purent plus tenir contre l'armée romaine : ils se retirèrent vers

Jérusalem, et le général romain Cestius les y suivit. Tel
était le désordre qui régnait dans la place, que si les
Romains l'eussent attaquée sur-le-champ, ils s'en seraient
infailliblement rendus maîtres, ce qui eût évité les horribles calamités qu'entraîna la suite de la guerre. Cestus
demeura quatre jours dans la ville sans donner l'assaut;
les jours suivants, il tenta en vain d'emporter la place
par escalade : les factieux se défendirent si vaillamment,
que les Romains furent contraints, à plusieurs reprises,
de se retirer avec perte. Ils essayèrent donc d'un dernier moyen et formèrent ce qu'ils appelaient la *tortue* :
les premiers rangs plaçaient leurs boucliers au-dessus
de leur tête, en les appuyant en avant contre la muraille;
ceux du second rang joignirent leurs boucliers aux boucliers du premier rang et tout le corps en faisant autant, formait ainsi une espèce de voûte de fer, sous
laquelle les soldats, à couvert des projectiles des Juifs,
purent travailler à loisir et battre en brèche les murs et
les portes du temple.

Les factieux, épouvantés à la vue de cette machine
vivante, s'enfuirent hors de la ville, et déjà le peuple
s'apprêtait à en ouvrir les portes à Cestius; mais Dieu,
irrité contre ces méchants, ne permit pas que la guerre
finît sitôt. En effet, les Romains, mal informés de ce
qui se passait dans la place, levèrent le siége au moment
où ils avaient le plus lieu de compter sur un succès

complet. Cette retraite imprévue ranima le courage des assiégés : ils se mirent à poursuivre les Romains et les incommodèrent extrêmement. Le chemin par où il fallait passer était fermé de pieux à travers lesquels les Juifs accablaient les légionnaires à coups de flèches et de pierres, sans que ces derniers pussent se défendre, chargés qu'ils étaient du poids de leurs armes, engagés dans des rangs qu'il ne pouvaient rompre, et attaqués par des ennemis si dispos et si légers, qu'on les voyait presque partout en même temps. Ainsi les Romains, outre un grand nombre de soldats, perdirent-ils plusieurs des principaux officiers de leur armée. Cette retraite meurtrière dura jusqu'à ce qu'ils fussent arrivés à Gabaon. Cestius y passa deux jours, ne sachant à quoi se résoudre; mais le troisième jour il s'aperçut que les ennemis profitaient de cette halte pour faire venir des secours de toutes parts, et que chaque jour le nombre en multipliait.

Il se défit alors de la plus grande partie de son bagage, fit tuer presque toutes les bêtes de somme, et se remit en route vers Bethoron. Tant qu'il y avait à traverser des contrées spacieuses et découvertes, les Juifs se tenaient à l'écart; mais aussitôt qu'ils voyaient les légions engagés dans des passages étroits et sur des pentes difficiles, ils les chargeaient en tête pour les empêcher d'avancer, et en queue pour les pousser dans les gorges des montagnes, où ils les accablaient à coups de flèches. Les Romains, réduits ainsi à ne pouvoir ni fuir ni combattre, tombèrent dans le désespoir, et se laissèrent emporter jusqu'aux pleurs et aux gémissements ; tandis que les Juifs poussaient des cris de joie en continuant de les frapper ; si la nuit ne fut enfin survenue, toute l'armée romaine eût succombé presque sans pouvoir se défendre.

Cestius choisit alors quatre cents hommes qui consentirent à se dévouer pour le salut des légions. Ils se placèrent aux avant-postes, et, par le bruit qu'ils firent, donnèrent aux Juifs lieu de penser que toute l'armée était campée derrière eux. Pendant ce temps, Cestius fit une extrême diligence, et quand le jour fut venu, il était hors danger.

Les factieux se jetèrent alors sur ces quatre cents et les égorgèrent ; puis ils se saisirent des machines de guerre que les Romains avaient abandonnées pour fuir plus vite, et près avoir dépouillé les morts, ils retournèrent à Jérusalem, chargés de butin et poussant des cris de victoire. Mais en même temps qu'ils rentraient dans la ville, plusieurs principaux Juifs en sortaient, comme on sort d'un vaisseau qu'on voit sur le point de faire naufrage. Ils se rendirent au camp de Cestius, qui les envoya à Néron, afin qu'ils lui fissent le récit exact de tout ce qui s'était passé, et qu'ils rejetassent sur Florus la cause de la guerre.

À la nouvelle de la défaite de . armée romaine, les habitants de Damas résolurent de massacrer les Juifs qui habitaient leur ville. Ils prirent, pour exécuter ce projet, le temps où ces malheureux étaient rassemblés dans le lieu des exercices publics : ils les y surprirent sans armes, et les tuèrent tous jusqu'au dernier : il y en avait dix mille.

Les factieux, fiers de leur victoire et pleins de confiance en leurs forces, songèrent alors à se donner des chefs ; ils se partagèrent donc le commandement des différentes provinces : Joseph, fils de Garion et Ananias, grand pontife, furent préposés à la garde de la ville, où, en outre, Éléazar, fils de Simon, exerçait une grande influence, quoiqu'il n'eût pas de commandement spécial ; Jésus, fils de Saphas, et Éléazar, fils d'Ananias, furent nommés gouverneurs de la Péraïte ; on envoya, avec des missions semblables, Josèphe, fils de Mathias, dans la haute et dans la basse Galilée ; un autre Josèphe, fils de Simon, à Jéricho ; les autres gouvernements furent de même confiés à différents chefs choisis par les factieux les plus ardents.

Quant à Josèphe, fils de Mathias (c'est l'auteur même de cette histoire dont nous donnons ici une traduction abrégée), aussitôt qu'il fut arrivé dans sa province, il s'occupa des moyens de s'y fortifier, en se faisant aimer des habitants, en relevant les murailles des places fortes,

et en donnant des armes à tous ceux, au nombre de plus
de cent mille, qui étaient en âge et en état d'en porter,
en les exerçant à manier ces armes, et surtout en leur
faisant, autant que possible, adopter cette tactique
admirable et cette discipline rigoureuse qui donnaient
aux Romains la supériorité sur tous les autres peuples
du monde.

Par toute la Judée on se préparait, avec une ardeur
extrême, à la guerre contre les Romains; et le pays en
était plein d'agitation et de tumulte. A Jérusalem on re-
levait les murailles de la ville, on rassemblait un grand
nombre de machines, et presque chaque maisons était
transformée en un atelier, où l'on confectionnait des
flèches et des armes de guerre. Ce n'est pas que tout le
monde entrevît la guerre à laquelle on se préparait avec
les mêmes yeux, et dans les mêmes intentions; les uns,
c'étaient ceux qu'on nommait les zélateurs ou les factieux,
étaient tout de feu et prenaient plaisir à se repaître des
plus chimériques espérances; les plus sages et les plus
judicieux ne prévoyaient qu'avec épouvante les suites
l'une terrible guerre, et les malheurs où l'on allait s'engager; il y en avait d'autres enfin qui ne craignaient pas
de spéculer sur le malheur public, et de profiter de ces
moments de trouble pour exercer les plus odieux bri-
gandages.

A la nouvelle des revers que ses troupes avaient es-

suyés en Judée, l'empereur Néron fit éclater sa colère
contre Cestius, gouverneur général de la province, non
parce qu'il avait mal administré, mais parce qu'il s'était
laissé battre par les Juifs : attribuant sa défaite non à la
valeur de ceux-ci, mais à l'incapacité de son général. Il
pensait en effet qu'il convenait à la dignité de l'empire,
et à cette suprême grandeur qui élevait l'empereur si fort
au-dessus des autres princes, de ne témoigner que par
du mépris, dans de telles circonstances, cette fermeté
qui rend l'âme supérieure aux événements. Dans ce
combat entre la crainte et la fierté, dont son âme était le
théâtre, il jeta les yeux autour de lui pour voir quel
serait l'homme auquel il conflerait la conduite d'une
guerre où il s'agissait non-seulement de châtier les Juifs,
mais encore de frapper sur cette nation un coup terrible,
et d'en faire un exemple qui épouvanterait à jamais ceux
qui pourraient méditer des projets de révolte.

Il ne trouva que Vespasien qui lui parût capable de
soutenir le poids d'une si grande entreprise. Cet homme
avait vieilli dans la vie des camps : l'empire devait à sa
valeur la paix dont jouissait l'occident, un moment
ébranlé par le soulèvement des Allemands ; et l'empereur Claude devait à ses travaux la gloire d'avoir triom-
phé de la résistance de la Grande-Bretagne jusqu'alors
indomptée. En considération de ses glorieux antécédents,
et aussi parce que ce grand capitaine avait des enfants

qui étaient des otages de sa fidélité, outre que peut-être Dieu permettait qu'il en arrivât ainsi pour le bien de l'empire, Néron résolut de donner à Vespasien le commandement de ses armées de Syrie ; et tel était le besoin qu'il sentait qu'il avait de lui, qu'il n'y eut point de caresses et de témoignages d'affections et d'estime dont il n'accompagna ce choix, afin de l'engager davantage à s'efforcer de réussir dans une affaire aussi importante.

Vespasien était alors près de ce prince, en Achaïe ; aussitôt qu'il eût été chargé de cette mission, il envoya son fils Titus à Alexandrie, pour y prendre la huitième et la dixième légion ; quant à lui, il traversa l'Hellespont et se rendit par terre en Syrie ; il assembla toutes les forces romaines et les troupes des rois alliés et des nations voisines de cette province.

Cependant leurs victoires sur Cestius avaient inspiré aux Juifs un orgueil excessif, qui les poussa à une entreprise funeste. Ils levèrent une armée, et marchèrent contre Ascalon, ville située à environ trois journées de Jérusalem, et où les Romains n'entretenaient alors qu'une faible garnison, composée d'une cohorte d'infanterie et de quelque cavalerie, sous le commandement d'un officier nommé Antoine. Celui-ci eut avis de leur marche, quelque diligence qu'ils eussent faite, et soutint courageusement le premier choc. Bien que les Juifs surpassassent de beaucoup les Romains en nombre, ils avaient le désavantage d'avoir affaire à des ennemis aussi savants dans la science des combats qu'eux-mêmes y étaient ignorants, aussi bien armés qu'ils l'étaient mal, aussi bien disciplinés qu'ils l'étaient peu, et qui, au lieu de n'agir, comme eux, que par impétuosité et par colère, obéissaient parfaitement à leurs chefs, et combinaient tous leurs mouvements avec un art merveilleux, de manière à multiplier à l'infini leur puissance, à se rendre présents partout et à frapper de toutes parts et à l'improviste des masses sans ordre, sans discipline et qui n'avaient d'autre guide qu'une aveugle fureur. Antoine en vint ainsi aisément à bout : ses soldats dispersèrent les Juifs, les poursuivirent l'épée dans les reins, les foulèrent aux pieds de leurs chevaux et jonchèrent la plaine de leurs cadavres. Cette première journée avait coûté dix mille hommes aux vaincus ; les suivantes ne furent guère plus heureuses. Ils revinrent en effet à la charge contre Ascalon, mais Antoine leur dressa des embûches dans les montagnes, les fit environner de tous côtés par sa cavalerie, et, avant qu'ils n'eussent eu le temps de se mettre en bataille, il y en avait encore huit mille de tués.

II

Sur ces entrefaites, Vespasien arriva en Syrie : les habitants de Séphoris, ville du gouvernement de Josèphe, lui en voyèrent une députation pour lui faire savoir qu'ils désiraient se soumettre aux Romains et recevoir une garnison de leurs troupes. Vespasien acquiesça à leur désir avec d'autant plus d'empressement que cette ville était très-forte et presque imprenable. Il y plaça une garnison de six mille hommes de pied et de mille chevaux, qui se mirent à ravager les campagnes de la Galilée, et à y mettre tout à feu et à sang. Ce fut en vain que Josèpha

essaya de reprendre cette place, pour mettre un terme
à ces désordres ; il l'avait si bien fortifiée avant de la
perdre, qu'il échoua dans toutes ses tentatives contre
elle et qu'il ne fit qu'en irriter davantage la garnison
contre ceux de son parti.

Selon l'ordre qu'il en avait reçu de son père, Titus
s'était mis à la tête de trois légions qu'il avait trouvées à
Alexandrie, et les avait dirigées vers Ptolémaïs, où cam-
paient le reste de l'armée romaine. Celle-ci, fortifiée par
les troupes fournies par les provinces et les rois tribu-
taires de l'Orient, s'élevait à environ soixante mille
hommes.

L'arrivée inopinée et la vue de l'armée romaine remplirent d'une telle crainte les Juifs de la Galilée, que
Josèphe, qui commandait dans cette contrée, se voyant
abandonné de presque tous ses soldats, crut n'avoir plus
d'autre ressource que de se retirer à Tibériade.

Après quelques courses et quelques ravages dans le
pays, Vespasien se décida à attaquer Jotapat, qui passait pour la plus forte place de la Galilée, et où d'ailleurs un fort grand nombre de Juifs s'étaient retirés.
Josèphe eut hâte de s'y jeter aussi dès qu'il connut la
résolution du général romain ; ce qui confirma ce dernier
dans sa résolution, parce qu'il savait que Josèphe jouissait d'un grand crédit près des Juifs, et qu'il espérait
que, s'il parvenait à le prendre avec la place où il s'était

enfermé, cette capture exercerait une heureuse influence sur l'issue de la guerre. Il bloqua aussitôt la ville par un corps de troupes, et en faisant approcher son armée, la déploya toute entière à la vue des assiégés, dans l'espoir de les frapper de terreur et de découragement : ce qui ne lui réussit point, car les Juifs, loin de se laisser abattre par la pensée qu'il ne leur restait plus aucune chance de salut, y puisèrent un sombre désespoir, et la résolution de vendre chèrement la victoire des Romains.

Vespasien fit mettre pied à terre à l'élite de sa cavalerie, et, après que ses soldats eurent pris un peu de repos, il disposa tous ses frondeurs, ses archers et ses machines, pour qu'ils tirassent en même temps, et fit donner l'assaut par trois endroits simultanément. Des ponts, appuyés d'un côté sur la terrasse, s'abattirent de l'autre sur la brèche, et ouvrirent aux assiégeants des passages par où ils se précipitèrent, en poussant de grands cris. Rien ne put résister à leur choc, et les Juifs, succombant sous la fatigue et sous le nombre, cédaient le terrain : déjà les premiers rangs des Romains mettaient le pied sur la brèche, quand, par l'ordre de Josèphe, des chaudières d'huile bouillante, disposées sur les parties de la muraille qui étaient encore debout et qui des deux côtés dominaient la brèche, répandirent sur les assaillants un déluge de feu. On les vit tomber et se rouler à terre avec des cris horribles. Mais tout aussitôt de

nouveaux flots de combattants leur succédaient, brûlant
du désir de les venger. Alors Josèphe fit semer sur les
ponts des graines de sénevé cuites, ce qui les rendit si
glissants, que les Romains ne pouvant plus se tenir debout, tombaient les uns sur les autres et se foulaient
aux pieds, tandis que les Juifs les perçaient impunément
de traits. Ce que voyant, Vespasien fit sonner la retraite.

C'est par ces prodiges d'héroïsme et d'opiniâtreté que la
garnison de Jotapat put, contre toute apparence, résister
durant quarante-sept jours. Le quarante-huitième, un
transfuge vint vers Vespasien, et lui dit : « Que tant de
» veilles et de combats avaient réduit les Juifs à un fort
» petit nombre; que ceux qui survivaient n'étaient plus
» en état de soutenir un grand effort, surtout si l'on
» savait choisir l'instant propice; qu'il n'y avait pour cela
» qu'à les attaquer au point du jour, parce que c'était
» l'heure où ceux qui le pouvaient, prenaient quelque
» repos après tant de fatigues, et que ceux mêmes qui
» étaient de garde ne pouvaient résister au sommeil. »

Vespasien hésitait à se fier au témoignage de cet homme : en effet, quelques jours auparavant un des assiégés
qu'on avait pris, avait souffert toutes les tortures et même
le feu, plutôt que de donner quelque renseignement sur
la position des assiégés : on le crucifia, et du haut de sa
croix, il continua à se moquer, et de ses bourreaux, et
de ce que la mort a de plus terrible. Cependant, comme

Il n'y avait pas grand danger à suivre l'avis du transfuge, Vespasien se décida à le faire.

A l'heure indiquée, Titus, suivi de quelques troupes d'élite, s'avança sur la brèche : ils tuèrent les soldats de garde, se logèrent sur la muraille, et, de là, pénétrèrent dans la ville. Mais tel était l'accablement des habitants que, quoiqu'il fît grand jour, ils furent quelque temps à s'apercevoir de leur malheur. Les premiers jours du sac, les Romains ne pardonnèrent à personne : tout fut passé au fil de l'épée ; quand ils furent las de tuer, ils épargnèrent les femmes et les enfants, au nombre de douze cents. Quarante mille personnes avaient péri dans ce siége.

Josèphe s'était sauvé dans une caverne, où il trouva quarante de ses soldats. C'était un puits fort profond qui communiquait avec un souterrain très spacieux, mais qu'on ne pouvait apercevoir d'en haut. Il y demeurait tout le jour et n'en sortait que la nuit, pour observer les gardes des ennemis, et voir s'il n'y aurait pas quelque moyen de s'échapper. Deux jours se passèrent ainsi, le troisième il fut découvert. Vespasien lui envoya deux messages l'un après l'autre, pour l'engager à se rendre, et en lui promettant de bien le traiter : il résista d'abord, puis se souvint des songes qu'il avait eus, dans lesquels Dieu lui avait fait connaître les malheurs qui arriveraient aux Juifs, et les heureux succès qu'il réservait aux Romains; ils n'ignorait pas d'ailleurs, en sa qualité de sacrificateur, les prophéties rapportées dans les livres saints.

Josèphe s'empressa donc de se rendre à Nicanor, qui le mena vers Vespasien. Les soldats romains accoururent et se pressèrent en foule autour de la tente du général, pour voir le prisonnier, les uns demandant qu'on le mît à mort, d'autres témoignant leur joie de ce qu'il avait été pris, d'autres enfin, se souvenant de ses grandes actions, admiraient les changements de la fortune. Mais les chefs, et à leur tête Titus, se sentaient pris de respect pour tant d'infortune jointe à tant de courage, et inclinaient vers l'indulgence. Vespasien ordonna qu'on le gardât soigneusement, et annonça que son intention était de l'envoyer à Néron; mais Josèphe ayant témoigné le désir de pouvoir l'entretenir devant un petit nombre de témoins sûrs et discrets, et cette faveur lui ayant été aussi accordée, il tint ce discours au général romain :

« Seigneur, je viens par l'ordre de Dieu, vous donner avis d'une chose on ne peut plus importante : si je ne m'étais souvenu que j'étais chargé d'une grave mission près de vous, je savais trop de quelle manière sont traités par les Romains ceux qui ont l'honneur de commander aux Juifs, pour être tombé vivant entre vos mains. Vous avez le projet de m'envoyer à l'empereur

Néron. Pourquoi, puisque lui et ceux qui sont appelés
à lui succéder ont si peu de temps à vivre. C'est vous
seul et votre fils Titus que je dois regarder comme empereurs, parce que tous deux vous monterez sur le
trône successivement. Faites-moi donc garder, non
comme le prisonnier d'un autre, mais comme le vôtre,
seigneur.

Vespasien eut d'abord quelque peine à croire que
Josèphe ne parlait pas ainsi dans le but de l'intéresser
à sa vie et de se faire bien accueillir ; mais le trouvant
véridique dans tout ce qu'il lui dit d'ailleurs, il se sentit
peu à peu mieux disposé à son égard, d'autant plus que
la Providence, qui le destinait à l'empire, le lui faisait
connaître par d'autres marques encore. Du reste, pour
mettre à l'épreuve ce don de prédiction de son prisonnier, un des amis du futur empereur lui demanda comment il se faisait que, si ses prédictions n'étaient pas
de vains songes, il n'eût pas prévu que Jotapat serait
pris par les Romains : Josèphe lui répondit qu'en effet,
dès le commencement du siége, il avait annoncé à ses
amis que leur résistance durerait quarante-sept jours,
et que le quarante-huitième, lui-même tomberait vivant
entre les mains des Romains. Le général fit aussitôt
prendre des informations à ce sujet près des autres prisonniers, et il se trouva que Josèphe avait dit vrai.

Les Romains prirent ensuite leurs quartiers d'hiver,

après s'être d'abord emparé de Joppé et l'avoir rasé, les habitants de cette malheureuse ville s'étaient réfugiés sur leurs vaisseaux, mais une horrible tempête les surprit, et ils périrent sans exception.

On n'eut d'abord à Jérusalem qu'un bruit vague du désastre de Jotapat : pas un habitant n'ayant échappé aux coups ou aux fers des Romains, on ne pouvait avoir de détails précis sur ce qui s'était passé au siége de cette place. Plus tard on répandit la nouvelle que Josèphe avait péri, et l'on en conçut une douleur si vive, que ce fut un deuil public, et qu'il n'y eut pas une famille à Jérusalem qui n'en témoignât une profonde affliction. Mais ce sentiment se changea en haine et en malédictions, quand on eut appris qu'il était retenu en vie et bien traité par les Romains.

Les officiers de l'armée de Vespasien, non plus que lui, n'ignoraient pas l'affreuse situation de Jérusalem, et ils pressaient leur général d'en profiter, et d'attaquer cette place. Mais il pensait différemment, et leur répondit qu'une attaque directe des Romains ferait cesser toutes les divisions des Juifs, qu'il n'y aurait plus d'autre sentiment chez eux que la haine du joug étranger, et qu'il valait mieux les laisser se consumer dans des dissensions intestines.

Vespasien voulut ensuite investir Jérusalem de toutes parts : il mit donc des garnisons dans les forts de Jéri-

cho, d'Abida et de Gorasa ; en même temps Lucius
Annius, un de ses lieutenants, ravagea et mit à feu et à
sang toute la campagne. Sur ces entrefaites, Vespasien
apprit la mort des empereurs Néron et Galba, et cette
nouvelle le décida à ajourner le projet d'assiéger Jérusalem.

Tandis que le feu de la discorde civile désolait ainsi
Jérusalem, Rome souffrait des maux semblables. Vitellius, récemment proclamé empereur par son armée, y
pénétrait à la tête de soixante-dix mille hommes, et
traitait en ville conquise la capitale du monde. Vespasien s'indigna en apprenant ces nouvelles ; mais ses soldats en furent encore plus irrités, et se plaignirent hautement de ce que les troupes qui étaient à Rome se plon-
geassent dans les délices sans vouloir entendre parler
des fatigues et des périls de la guerre, et disposassent
à leur gré de l'empire, en le donnant à celui qui leur
promettait le plus d'argent. Eux, cependant, souffrant
tant de maux, vieillis sous les armes, étaient assez lâches
pour se laisser ravir cette autorité, quoiqu'ils eussent
pour chef un homme si digne de commander. Le sénat et
le peuple romain ne pourraient d'ailleurs manquer d'ap-
prouver leur choix et de préférer la valeur, les talents
et les vertus austères de Vespasien et de son fis Titus, à
la débauche de Vitellius. Echauffés par ces discours et
par d'autres semblables, ils se réunirent près de la

2

fente de leur général et le proclamèrent empereur. Vespasien essaya d'abord de refuser cet honneur ; mais une douce violence le contraignit de céder au vœu de ses troupes.

Cette nouvelle position l'appelait à de nouveaux devoirs : laissant donc le commandement de son armée de la Palestine à son fils Titus, il partit pour Rome, où il trouva toutes les voies au trône applanies par ses lieutenants et par son frère Sabinus ; Vitellius, vaincu, avait été égorgé par le peuple.

Titus s'avança sur Jérusalem avec toute son armée ; arrivé à Acantholauna, il se porta en avant á la tête d'environ six cents chevaux pour faire une reconnaissance autour de la capitale ; mais s'étant aventuré un peu trop près de la ville, il fut surpris par une furieuse sortie des assiégés et séparé du gros de son armée. Dans un si grand danger, ce prince, ne comptant que sur son courage, fit volte-face, poussa son cheval à travers les ennemis, et se fraya un passage avec son épée, en criant aux siens de le suivre. On vit alors, avec la dernière évidence, que les événements de la guerre et la conservation des princes, dépendent de Dieu ; car bien que Titus ne fût point couvert d'armures défensives, il ne reçut aucune blessures, quoiqu'une multitude innombrable de flèches fussent lancées sur lui de toutes parts, comme si quelque puissance invisible eût pris soin de les détourner de sa personne. Environné d'une nuée de flèches, il renversait tout ce qui se présentait devant lui, et passait sur le ventre de ses ennemis. Les Juifs se pressaient en foule sur ses pas, s'entre exhortaient et s'efforçaient d'empêcher sa retraite; mais, comme s'il eût porté la foudre dans ses mains, de quelque côté qu'il frappât, il faisait de larges trouées : c'est ainsi que, sans être blessé, il rentra dans son camp, n'ayant perdu que deux de ses compagnons.

Cependant l'imminence du danger et la grandeur de la guerre qu'ils allaient avoir à soutenir, firent ouvrir les yeux à ceux qui n'avaient pensé jusqu'alors qu'à s'entre détruire. Les différents partis qui déchiraient les entrailles de la capitale de la Judée, voyant les Romains établir leur camp et se fortifier aux portes de Jérusalem, songèrent à se réunir et à concerter leurs efforts. Le premier résultat de cet accord fut une sortie vigoureuse qu'ils firent contre la dixième légion. Les soldats de ce corps étaient en ce moment occupés à construire un retranchement; ne pouvant croire que les Juifs oseraient les attaquer et même qu'ils le pourraient s'il le voulaient, à cause de leurs divisions intestines, la plupart d'entre eux s'étaient débarrassés de leurs armes et ne songeaient qu'à leurs travaux. Pris au dépourvu par cette sortie à laquelle ils n'étaient point préparés, ils s'enfuirent poursuivis par les Juifs, l'épée dans les reins, et abandonnèrent leur camp. Toute la légion courait le risque d'être taillée en pièce, si Titus ne fût accouru à son secours, ne l'eût rallié et ramené au combat. Les Juifs, repoussés, se retirèrent après avoir laissé quelques-uns des leurs sur le champ de bataille ; ils ne rentrèrent cependant pas en ville, mais s'établirent sur une colline où Titus ne crut pas devoir essayer de les forcer. Il retourna donc vers son camp, et la dixième légion à son travail. Mais la sentinelle qui veillait sur une des tours de Jérusalem, voyant Titus s'éloigner, crut qu'il fuyait, et donna le signal de cette fuite aux siens. Ils sortirent en grand nombre et avec une extrême impétuosité, tels que des bêtes féroces. Les Romains ne purent soutenir cet effort et se retirèrent vers une colline du haut de laquelle se trouvait alors Titus. Le général s'efforça de leur rendre le courage, et, se plaçant au premier rang, tint tête aux Juifs, lutta contre eux, et, après des efforts inouïs de valeur, les repoussa au bas de la montagne. Les Romains, voyant leur général si fort engagé, reprirent courage, et, revenant à la charge, mirent les Juifs en fuite et les refoulèrent jusque dans la ville.

Cependant Titus s'occupait activement des préparatifs du siége : il fit couper tous les arbres, abattre les clôtures des jardins, et au moyen de terrasses, aplanir tout l'espace qui s'étendait de son camp jusqu'au sépulcre d'Hérode. Quelques-uns d'entre les plus déterminés parmi les Juifs résolurent de profiter de ces travaux mêmes que l'on faisait contre eux pour dresser des embûches aux Romains. Ils s'approchèrent donc des travailleurs les plus avancés de la terrasse, et feignant d'être des habitants paisibles et persécutés, ils assurèrent les Romains, qu'à part quelques brouillons, toute la population soupirait après la paix, et qu'il suffirait que, au lieu de perdre du temps à faire des terrasses, ils s'approchassent des portes de Jérusalem et fissent un acte de vigueur pour que la ville toute entière se déclarât en leur faveur.

Ces ouvertures paraissaient suspectes à Titus; aussi commanda-t-il à ses soldats de ne point quitter leurs postes. Mais ceux-ci se laissant prendre à cet artifice, se croyaient déjà maîtres de la ville, et brûlaient d'impatience d'en venir à l'exécution. C'est pourquoi quelques-uns de ceux qui étaient préposés à la garde et à la direction des travaux, ayant pris les armes, coururent vers les portes de la ville. Les Juifs qui les avaient attirés dans le piège, et feignaient d'avoir été chassés de la ville, les laissèrent passer; mais dès qu'ils les virent arrivés près de la porte, ils les attaquèrent par derrière, en même temps que ceux qui étaient sur les murailles et sur les remparts les accablaient de flèches et de pierres. Ce ne fût pas sans une peine extrême et sans beaucoup

2.

de pertes, que ces imprudents parvinrent à se retirer du mauvais pas dans lequel ils s'étaient engagés. Les Juifs les poursuivirent de leurs traits et de leurs railleries, élevant en l'air leurs boucliers pour les faire briller au soleil, dansant et sautant de joie. Titus accueillit ces imprudents avec des reproches et des menaces : « Quoi! leur dit-il, les Juifs savent user de stratagèmes, de prudence, dresser des embûches, et ils réussissent, parce qu'ils obéissent à leurs chefs et s'unissent contre nous ; tandis que c'est vous, Romains, dont jusqu'à présent on avait admiré la parfaite discipline et l'obéissance, qui vous laissez surprendre, et vous faites battre et poursuivre! Que dira mon père, lorsqu'il apprendra cette nouvelle, lui qui durant toute sa vie passée dans la guerre, n'a jamais rien vu de semblable? Mais ceux qui n'ont pas craint de manquer ainsi à leur devoir apprendront bientôt, par leur châtiment, que la victoire même passe pour un crime parmi les Romains, lorsqu'on ose aller au combat sans en avoir reçu l'ordre de ses chefs. »

En entendant ces paroles, tous ceux qui avaient failli se crurent perdus, et se préparaient déjà à recevoir la mort qu'ils avaient méritée, quand les officiers des légions se présentèrent et supplièrent Titus d'avoir compassion de ces coupables, et de pardonner leur désobéissance à un petit nombre, en considération de l'obéissance de tous les autres , et aussi à cause de leur ardent désir d'effacer le souvenir de leur faute par de si grands services, qu'il ne put avoir de regret de s'être montré indulgent. Ces prières adoucirent Titus; il fit grâce, à condition qu'on ferait tout pour s'en montrer digne désormais.

Il ne songea donc plus qu'à se venger des Juifs : il pressa les travaux, et en quatre jours son esplanade s'étendit jusqu'au pied du mur de la ville. Il en rap-proche alors son camp; son armée était divisée en trois corps, dont l'un, celui que commandait Titus en per-sonne, s'établit au nord-ouest de la ville, à environ cent-soixante toises de la muraille; le second était campé à la même distance de la tour d'Hyppicos ; et le troisième, sur la montagne des Oliviers.

III

La ville de Jérusalem était enfermée de toutes parts dans une triple muraille, excepté du côté des vallées où il n'y avait qu'un seul retranchement, parce que cet endroit passait pour inaccessible. Elle était assise sur deux montagnes opposées et séparées par une vallée pleine de maisons. Celle de ces montagnes où se trouvait la ville haute, était beaucoup plus escarpée et plus élevée que l'autre, c'est cet emplacement que choisit le roi David pour y bâtir une forteresse à laquelle il donna son nom.

Titus choisit, pour attaquer la place, l'endroit qui en était le plus faible, vers le sépulcre du grand sacrificateur Jean ; parce qu'il était le plus bas de tous, que le premier mur n'y était pas défendu par le second, que l'on avait négligé de fortifier de ce côté-là parce qu'il correspondait à une partie de la ville qui n'était pas encore bien peuplée, et enfin que l'on pouvait, par cet endroit, parvenir au troisième mur sans passer par le second.

Tandis que le général romain s'occupait de ce choix, Nicanor, l'un de ses amis, s'approcha de la muraille avec Josèphe, pour exhorter les Juifs à demander la paix ; mais ils ne lui répondirent qu'en lui envoyant une flèche qui le blessa à l'épaule. Cette conduite des factieux envers ceux qui leur parlaient de paix, confirma Titus dans la résolution d'en venir aux voies de rigueur. Il permit en conséquence à ses soldats de démolir les maisons des faubourgs, pour en employer les matériaux à la construction de leurs terrasses. On travaillait avec une ardeur extrême, et il n'y avait personne dans toute l'armée qui ne mit la main à l'œuvre ; les Juifs, de leur côté, ne négligeaient rien de tout ce qui pouvait contribuer à la sûreté de la place. Cependant le peuple de Jérusalem commençait à respirer, tandis que les factieux étaient exclusivement occupés au soin de leur défense, et ne pouvaient tourner leur fureur contre lui. Simon, qui avait à soutenir tout le fort de l'attaque, fit dresser sur les remparts toutes les machines qu'on avait enlevées autrefois à Cestius ; mais il n'en tirait qu'un faible parti, faute de gens qui sussent en faire usage. Il s'en servait néanmoins aussi bien qu'il lui était possible de le faire, lançait sur les assiégeants des pierres et des traits, faisait des sorties et en venait aux mains avec eux.

Les Romains couvraient leurs travailleurs avec des claies et des gabions, en plaçant devant eux des frondeurs et des archers, et en faisant jouer leurs machines avec un art terrible. La douzième légion se distinguait entre toutes pour ce dernier exercice : les pierres que lançaient ces machines étaient plus grosses que celles de toutes les autres, et avaient une telle impulsion qu'elles ne renversaient pas seulement ceux qui faisaient des sorties, mais qu'elles atteignaient jusqu'au sommet des murs dont elles allaient tuer les défenseurs.

Les Juifs combattaient d'ailleurs avec une rare ardeur et se précipitaient à l'envi dans le péril pour plaire à leurs chefs, et surtout à Simon, pour lequel ceux de son parti professaient tant d'enthousiasme, qu'il n'y en avait pas un qui ne fût prêt à se tuer sur un signe de sa tête. Les Romains se sentaient, de leur côté, animés au combat par le souvenir de leurs victoires précédentes, par celui de la gloire de leurs armes à soutenir, par la possession où ils étaient depuis longtemps de vaincre

toujours, et surtout par la présence de leur jeune général. Cet admirable chef était présent partout, ne laissant
aucune belle action sans récompense; la lâcheté eût été
presque impossible, quand on savait quel témoin on
avait de ses actions, et que, par son courage, on pouvait se rendre digne de l'estime de celui qui, déjà
César, devait être un jour le maître de l'empire.

Les assiégés ne tenaient aucun compte de leurs souffrances, ils ne songeaient qu'à attaquer les Romains, et
s'estimaient heureux de mourir, pourvu qu'ils en eussent tué quelqu'un. Titus faisait peu de cas de ce genre
de courage dans les siens : il le considérait comme
l'inspiration du désespoir, et ne mettait pas moins de
soins à ménager la vie de ses soldats qu'à leur procurer
la victoire. Il répétait souvent que le vrai courage consiste
à se conduire avec sang-froid dans les périls, et à ne
jamais rien oublier de ce qui peut préserver du mal et
le faire retomber sur les ennemis.

Titus attendit pendant quatre jours les propositions
de paix qu'il pensait que les Juifs lui feraient : mais se
voyant déçu dans cette espérance, il fit dresser deux
batteries à la fois contre le troisième mur, au moyen de
deux terrasses que ses soldats construisirent : l'une près
de la jonction de ce mur avec la forteresse Antonia, et
l'autre près du sépulcre du pontife Jean. Les Juifs ne
laissaient pas que de les incommoder très fort dans ce

travail, surtout au moyen de leurs machines dont ils avaient peu à peu appris à se servir habilement. Ils avaient construit trois cents de ces grosses arbalètes qu'on nommait balistes, et qui lançaient des dards énormes; et quarante machines à lancer des pierres.

Bien qu'il ne doutât point que la place ne pouvait manquer de tomber en son pouvoir, Titus désirait surtout en prévenir la ruine : il se décida en conséquence à employer la voie de la raison pour convaincre les factieux de la folie de leur résistance. Il jeta pour cet objet les yeux sur Josèphe, qu'il jugeait plus propre que tous les autres à les persuader, parce qu'il était de leur nation et qu'il parlait leur langue. En conséquence de cet ordre, Josèphe fit le tour de la ville et choisit un lieu élevé hors de la portée des traits, mais d'où les assiégés pouvaient l'entendre. De là il les exhorta à avoir compassion d'eux-mêmes, du peuple, du temple et de leur patrie; il leur représenta qu'il serait étrange qu'il eussent plus de dureté pour eux-mêmes que n'en avaient les étrangers, leurs ennemis; que les Romains étaient si religieux qu'il leur répugnait de profaner ou de détruire le temple en y portant la guerre; qu'à plus forte raison eux qui avaient été instruits dès leur enfance à le révérer, devaient-ils s'employer de tout leur pouvoir à le conserver, et non pas à travailler à le détruire; que leurs meilleurs remparts étaient au pouvoir de l'ennemi

Siége de Jérusalem.   3

ét qu'il ne leur en restait plus que le plus faible, derrière lequel ils ne pouvaient se flatter de tenir tête aux
Romains; que ceux auxquels il les engageait à se soumettre, n'étaient pas une puissance méprisable, mais les
maîtres de la terre, des hommes à la domination des-
quels n'avaient échappé que les contrées que leur exces-
sive chaleur ou leur climat glacé rendaient inhabitables
ou inutiles à ceux qui les conquéraient.

Josèphe promit ensuite, au nom de Titus, que ce
prince oublierait tout le passé, pourvu que les Juifs ne
persistassent pas dans leur opiniâtreté, parce qu'il désirait, avant tout, sauver la ville, et qu'il préférait cet
avantage à la vaine satisfaction de suivre les mouvements
de sa colère. « Cependant, ajouta-t-il, si vous méprisez
ses offres, si, par vos refus, vous insultez cet excellent
prince, vous vous rendez indignes de tout pardon, et
nul d'entre vous ne pourra s'attendre à être épargné. »

En entendant ce discours, bien loin d'être touchés de
la démarche de Josèphe, de ses raisons, de ses promesses et de l'intérêt que, par sa bouche, Titus témoignait
pour le salut de Jérusalem, les Juifs se mirent à l'insul-
ter, à se moquer de lui et à lui lancer des flèches et des
pierres. Mais Josèphe, loin de perdre courage, voyant
bu'il ne servait à rien de parler à ces furieux au nom de
leurs plus chers intérêts, puisqu'ils les méconnaissaient,
crut devoir leur parler de ce qui s'était passé du temps

de leurs pères, espérant que des exemples aussi véné-
rables feraient quelque impression sur ces esprits en
délire.

« Misérables ! leur dit-il, avez-vous donc oublié d'où
vous est venu le secours dans tous les temps ? Est-ce
à vos propres forces que vous devez les victoires que
vous avez remportées autrefois ? N'est-ce pas en ce Dieu
tout-puissant, qui a créé l'univers, que les Juifs ont en
tout temps trouvé leur force et leur protection ? Rentrez
en vous-même ; considérez l'outrage que vous lui faites
en violent le respect qui lui est dû, et en faisant de son
temple une citadelle d'où vous sortez les armes à la
main, comme d'une place de guerre. J'ai honte de rappeler, à des oreilles indignes de les entendre, tous les
bienfaits dont le Seigneur nous a comblés, les guerres
dont il nous a délivrés, au nom de son saint temple, et
ses œuvres admirables. »

Mais au lieu d'écouter ces avis, les factieux vomissaient,
du haut des murailles, mille imprécations contre Vespasien et contre Titus, criant qu'ils méprisaient la mort,
qu'ils la préféraient à une honteuse servitude, et qu'ils
conserveraient jusqu'au dernier soupir le désir de faire
aux Romains le plus de mal qu'ils le pourraient. Quant à
leur patrie, ils disaient que puisque Titus lui-même la
regardait comme perdue, ils auraient tort de s'en mettre
en peine ; et quant au temple, Dieu en avait un autre in-

3.

finiment plus grand et plus admirable, puisque le monde entier était son temple : ce qui n'empêchait pas d'ailleurs qu'il ne pût conserver celui qu'il s'était fait construire et qu'il avait choisi dans Jérusalem; et qu'ayant Dieu pour défenseur, ils se moquaient de ces menaces des Romains.

On commença donc à élever vis-à-vis de la tour Antonia, quatre terrasses plus grandes que les premières, et Titus ne quittait pas les travailleurs pour les presser et accélérer la construction de ces ouvrages qui devaient enlever aux factieux toute espérance, s'ils étaient assez insensés pour en nourrir encore quelqu'une. Mais ils étaient incapables de repentir : insensibles à la douleur comme si leurs âmes avaient été sans communication avec leurs corps, ils étaient aussi peu touchés de leurs propres souffrances que de celles de leurs frères : ils déchiraient, comme des chiens, les corps morts des hommes du peuple, et remplissaient les prisons de ceux qui respiraient encore.

Le sacrificateur Mathias aimait vivement le peuple, et lui était entièrement dévoué. Ne pouvant voir, sans une douleur et une indignation profonde, la tyrannie sous laquelle Jean de Giscala le faisait gémir, et espérant trouver un appui contre lui en Simon, il usa de son influence sur le peuple pour faire admettre ce chef, ne songeant même pas à rien stipuler pour sa sûreté personnelle, et comptant sur la reconnaissance que Simon lui devrait pour un si grand service. Il se trompa, et ne tarda pas à s'en apercevoir; car, dès que ce factieux se vit maître de la ville, il le rangea au nombre de ses ennemis, et attribuant à sa simplicité le conseil qu'il lui avait donné de lui ouvrir les portes, il le fit accuser d'avoir des intelligences avec les Romains, et le condamna à mort avec trois de ses fils, sans leur permettre seulement de se défendre et de se justifier. La seule grâce que ce vénérable vieillard demandait, en souvenir de l'obligation que lui avait Simon, c'était de mourir le premier: elle lui fut refusée par cet homme plus féroce que les tigres. Ses enfants furent mis à la question en sa présence; lui-même, après avoir souffert tout ce que l'imagination féconde des bourreaux put inventer de tortures, mêla son sang avec celui de ses fils, à la vue des Romains auxquels les factieux criaient par raillerie, qu'ils eussent à venir sauver Mathias, lui qui mourait pour avoir voulu leur livrer la ville. Pour mettre le comble à leur iniquité, les factieux refusèrent la sépulture aux corps de ces quatre malheureuses victimes.

Simon poursuivant ses méfaits, fit mourir plusieurs autres sacrificateurs, un grand nombre de personnages de distinction, et mettre en prison et maltraiter la mère de Josèphe.

Judas, l'un des officiers auxquels ce chef avait confié la

garde et le commandement de la garnison d'une des
tours de la ville, indigné de tant de cruautés, et poussé
sans doute aussi par le désir de pourvoir à sa propre
sûreté, assembla ceux des soldats qui étaient sous ses
ordres, et auxquels il avait le plus de confiance, au nombre de dix, et leur tint un discours où il leur dépeignit
avec de vives couleurs tout ce que leur position avait de
critique et de désespéré : « La faim nous consume, leur
dit-il; les Romains sont déjà maîtres de presque toute la
ville : qu'est-ce qui nous empêche de leur en remettre le
'out, pour en sauver la partie que nous occupons,
et nous sauver nous-mmes : ils gardent inviolable-
ment la foi jurée ; tandis que Simon n'est pas seulement ingrat et cruel, mais il est le plus perfide des
hommes. »

Simon eut avis de ce qui se passait: il accourut, fit tuer
Judas et ses complices à la vue des Romains, et jeter
leurs cadavres du haut des murailles.

Josèphe ne cessait pas d'exhorter ses compatriotes à
éviter leur ruine, en rendant une place qu'il leur était
désormais impossible de défendre. Un jour que, longeant
la muraille dans ce but, il s'était trop approché des
postes des assiégés, il fut blessé à la tête d'un coup de
pierre, qui le fit tomber et lui fit perdre connaissance.
Des deux parts on accourut. Les Juifs pour le prendre,
les Romains pour les en empêcher et pour le secourir.

Mais, tandis qu'on en était aux mains, on emporta Josèphe et on le ramena au camp, encore évanoui. Croyant qu'il était mort, les factieux poussèrent des cris de joie, et s'empressèrent d'en répandre aussitôt le bruit dans la ville, ce qui jeta la consternation parmi la partie paisible de la population, parce que c'était en son intercession que mettaient toute leur espérance ceux qui méditaient de sortir de la place. Sa mère, que les factieux avaient jetée en prison, et qu'ils y tourmentaient, fut plongée dans la désolation en apprenant cette fatale nouvelle; mais ses pleurs cessèrent bientôt de couler, car Josèphe ne tarda pas à paraître au pied de la muraille, menaçant les factieux et encourageant les habitants à rester fidèles aux Romains. Autant cette réapparition fut agréable à ceux-ci, autant les premiers en témoignèrent de déplaisir.

Les infortunés habitants de Jérusalem, en proie à la famine et aux fureurs des factieux, saisissaient avidement toutes les occasions, et s'ingéniaient à trouver des moyens de passer aux Romains : les uns se jetaient du haut des murailles, les autres feignaient de chercher des pierres, sous prétexte de s'en servir contre les assiégeants, et se sauvaient dans leur camp. Mais la plupart d'entre eux, en fuyant un mal, tombaient dans un autre souvent plus grand encore : les uns, pressés par une horrible faim, ne prenaient pas avec assez de précaution les aliments qu'ils trouvaient chez les Romains : leurs organes, épuisés par une longue abstinence, ne pouvaient les digérer, et ils périssaient dans de cruelles douleurs ; ceux là seuls pouvaient éviter ces accidents qui ne mangeaient que peu à la fois, et qui habituaient, petit à petit, leurs organes à fonctionner de nouveau. D'autres dangers les attendaient dans ce cas. Nous avons vu que, avant de se sauver, les Juifs riches avalaient de l'or : car il y en avait une telle quantité dans la ville au moment où le siége commença, que la valeur en baissa subitement de moitié. Ceux qui s'étaient sauvés ainsi, et qui survivaient à cette crise que provoquaient les premiers aliments qu'ils prenaient après une longue abstinence, retiraient ensuite de leur matières excrémentielles l'or qu'ils avaient avalé. Il arriva que des Syriens en surprirent quelques-uns dans cette triste opération ; et le bruit courut aussitôt dans le camp que les transfuges arrivaient le corps rempli d'or. Les Syriens et les Arabes se saisirent de plusieurs de ces malheureux, et leur fendirent le ventre pour leur fouiller les entrailles, et y chercher de l'or, quelque grandes qu'aient été les cruautés et les abominations qui vers cette époque fondirent sur cette infortunée nation, certes nulle d'elles ne fut comparable à celle-ci, car, dans une seule nuit, deux mille Juifs périrent de cette sorte.

Titus en fut informé, et il en conçut une telle horreur

qu'il résolut de faire environner par sa cavalerie tous ceux qui n'avaient pas craint, poussés par la soif maudite des richesses, de se rendre coupables d'une telle atrocité : ce qui seul l'arrêta dans l'exécution de ce juste châtiment, ce fut qu'il se trouva que le nombre des coupables surpassait de beaucoup celui des morts. Il assembla néanmoins les chefs des troupes auxiliaires et même ceux des légions, car plusieurs soldats romains avaient pris part à ce crime.

« Comment peut-il se faire, leur dit-il, qu'il se soit trouvé parmi vos soldats des hommes qui, plus cruels que des bêtes sauvages, n'aient pas reculé d'horreur devant une telle abomination, et qui, dans l'espérance d'un gain incertain, aient commis un crime si détestable ? Quelle exécrable manière de s'enrichir ! Quoi ! les Arabes et les Syriens, dans une guerre qui ne les concerne pas, oseront commettre de telles actions d'inhumanité, et feront rejaillir sur le nom romain l'infamie qu'ils ont méritée ! »

Ne pouvant se résoudre à faire mourir un si grand nombre de ses soldats, il se contenta de flétrir énergiquement leur crime ; il déclara en outre que si l'un deux étaient assez méchant pour oser désormais quelque chose de semblable, il lui en coûterait la vie ; il recommanda en même temps à ses officiers de veiller exactement pour que de pareils faits ne se renouvelassent pas. Mais la

3..

crainte du châtiment est bien faible contre la soif de l'or,
on eût dit que Dieu, qui avait condamné ce misérable
peuple à périr, avait tout disposé pour que même les
mesures qui pouvaient ou devaient contribuer à son salut,
tournassent à sa perte. L'ordre donné par Titus empêcha,
à la vérité, que ce crime ne se commît publiquement,
mais il ne put empêcher qu'il ne se commît en secret.
Ces barbares, après s'être bien assurés qu'ils n'étaient
pas aperçus des Romains, allaient au-devant de ceux qui
fuyaient de la ville, et, les attirant à l'écart, leur ouvraient
le ventre pour y chercher de l'or, et satisfaire, par cette
horrible voie, leur ardente soif des richesse ; mais le plus
souvent ils commettaient leur crime sans fruit : ils ne
trouvaient rien, et leurs victimes périssaient en trompant
leurs abominables espérances. Ce nouveau genre de
misère, qui venait s'ajouter à tous ceux qui accablaient
l'infortunée nation juive, empêcha un grand nombre d'assiégés de sortir de la ville pour se rendre aux Romains.

Les pillages des factieux avaient épuisé les dernières
ressources des habitants : il vint un jour où cette ressource leur manqua ; ne trouvant plus rien dont il pussent dépouiller leurs concitoyens, ils passèrent sans scrupule du vol ordinaire au sacrilège. Poussant l'impiété
au-delà de tout ce qu'on avait vu jusqu'alors, ils ne craignaient pas de s'emparer des dons offerts à Dieu dans le
temple, et de ce qui était destiné à la célébration du

service divin, des coupes, des plats, des tables et même des vases d'or qu'Auguste et l'impératrice, sa femme avaient offerts : car les empereurs romains avaient, er plusieurs circonstances, fait voir qu'ils révéraient ce temple, et qu'ils se plaisaient à l'enrichir de leurs présents. On vit donc un Juif, Jean de Giscala, arracher de ce lieu saint ces marques de respect que lui avaient rendus des étrangers, et dire à ceux qui osaient se faire ses complices dans cet acte de suprême impiété, qu'ils ne devaient point se faire de scrupule d'user des choses consacrées à Dieu, puisque c'était pour Dieu qu'ils combattaient. Il n'hésita pas davantage à prendre et à partager avec ses compagnons le vin et l'huile destinés par les prêtres à la célébration des sacrifices, et dont on avait amassé une certaine quantité dans les bâtiments intérieurs du temple.

J'ose le dire dans ma profonde douleur : si les Romains n'eussent pas été envoyés de Dieu pour punir par les armes de tels coupables, la terre, je crois, se serait ouverte pour dévorer cette malheurese ville, ou un déluge l'eût englouti, ou le fen du ciel l'eût consumée, comme Sodome et Gomorrhe; car les abominations qui s'y commettaient, et qui en ont enfin amené la ruine, surpassaient celles qui contraignirent autrefois Dieu à faire éclater sa colère de ces trois manières. J'essaierais en vain de rapporter tous les maux qui accablèrent Jérusalem.

pendant ce siége, on en pourra cependant juger par ce
qui suit : un officier juif, nommé Manée, qui s'était re-
tiré chez les Romains, affirma à Titus que, du 14 avril
au 1er juillet, on avait emporté cent quinze mille huit cent
quatre-vingt quinze morts par la porte où il commandait
et pourtant il n'avait compté, non pas tous ceux qui passaient, mais seulement ceux dont il était obligé d'en savoir le nombre, à cause d'une distribution journalière
dont il était chargé : c'étaient ceux que les factieux
avaient fait ensevelir ; quant aux autres , leurs parents prenaient soin de leur sépulture ; c'est-à-dire de
les porter hors des murs; car c'était toute celle qu'on pouvait leur accorder. Les récits des autres transfuges n'é-
taient pas moins effrayants : ils assuraient que le nombre de ceux que les factieux avaient fait emporter, n'é-
tait pas moindre de six cent mille, qu'il y avait de même
un nombre énorme de gens que leurs parents s'étaient
chargés d'ensevelir; et que, dans les derniers temps, le
nombre des morts était devenu tellement grand, qu'on
avait été réduit, pour toute sépulture, à les accumuler
dans de grandes maisons, dont on fermait ensuite la porte. Le boisseau de blé valait un talent (6, 172 fr.); depuis
la construction du mur de circonvallation, les pauvres ne
pouvant plus chercher d'herbes hors de la ville, étaient
réduits à une telle misère qu'ils allaient jusque dans les
é outs chercher de vieille fiente de bœuf pour s'en nour

rir; et que la faim les poussait à se repaître d'aliments dont la vue seule soulevait le cœur. Ces récits touchaient de compassion les Romains ; mais les factieux en voyaient la réalité, sans se repentir d'en être la cause, parce que Dieu les aveuglait au point qu'ils n'apercevaient plus même le précipice dans lequel ils allaient tomber avec cette ville infortunée.

La fureur des factieux croissait avec les maux dont leur patrie était accablée : c'est que, malgré leurs pillages, ils n'en souffraient pas moins de cette misère générale, qui avait déjà dévoré une grande partie du peuple, et qui réduisait à la dernière extrémité ce qui en restait. Leurs marches dans la ville et leurs sorties étaient même retardées par les monceaux de cadavres qui encombraient les rues, aussi haut et aussi nombreux que si quelque grande bataille eût été donnée dans l'enceinte de la ville. Mais, dans l'endurcissement de leur cœur, ils ne se sentaient point émus de cet affreux spectacle; ils oubliaient même que bientôt eux-mêmes seraient appelés à augmenter le nombre de ceux qu'ils foulaient ainsi aux pieds avec autant d'inhumanité. Ils venaient, dans une guerre civile, de souiller leurs mains dans le sang de leurs frères, et maintenant ils ne pensaient qu'à faire la guerre aux Romains

IV

Jean de Giscala, à la garde duquel était confiée la forteresse Antonia, pour empêcher les Romains de faire
brèche, ne perdit pas de temps à se fortifier et à tenter
toutes les voies avant que des béliers ne fussent en batterie. Il fit une sortie le premier juillet pour mettre le
feu aux terrasses; mais il fut repoussé faute d'ensemble
dans les mouvements de l'attaque : au lieu de donner
tout à la fois et avec cette audace et cette résolution que
les Romains avaient déjà admirés en eux, les Juifs ne sortirent que par petites troupes et avec crainte. Ils trouvè-

rent, au contraire, les assiégeants mieux préparés que jamais à les recevoir ; ils étaient si pressés les uns contre les autres, ils s'étaient si bien couverts de leurs boucliers qui transformaient leur premier rang en un mur de fer, qu'il fut impossible aux Juifs de pénétrer jusqu'aux terrasses et d'y mettre le feu. Les Romains étaient d'ailleurs décidés à se laisser tuer sur place plutôt que de lâcher pied : ne voulant pas qu'il fût dit que le courage avait été vaincu par la témérité et la surprise, l'expérience par la multitude indisciplinée, et des Romains par les Juifs ; ils savaient en outre que, s'ils laissaient brûler leurs travaux, il n'y aurait plus pour eux de moyen de réparer cette perte. Les assiégés rentrèrent donc dans leur ville, blessés, vaincus, découragés et s'accusant les uns les autres de lâcheté. Les Romains profitèrent de cet instant pour faire avancer les béliers, les mettre en batterie et attaquer la tour Antonia. Les Juifs avaient une entière confiance dans la solidité de cette forteresse ; cependant, ne voulant rien négliger pour en éloigner les machines, ils employèrent à cet effet le fer et le feu. Mai , d'autre part, les Romains puisaient, dans cette résistance même, des motifs de persister dans leurs moyens d'attaque, parce qu'ils croyaient que l'ardeur des Juifs tenaient ice qu'ils se défiaient de leurs murailles. Ils ne tardèrent pas à perdre cette illusion ; quelle que fût la violence des béliers, ils ne produisaient aucun effet : ils résolu-

rent donc d'employer la sape ; et, se couvrant de leurs
boucliers en forme de tortue pour se préserver des projectiles des assiégés, ils travaillèrent avec tant d'opiniâtreté, en se servant des leviers et de leurs mains, qu'ils
ébranlèrent quatre des pierres des fondements de la
tour. La nuit obligea les uns et les autres à prendre un
peu de repos ; mais pendant ce temps, survint un accident imprévu qui amena de grands changements dans
le projet des uns et des autres : la partie du mur sous laquelle passait la mine au moyen de laquelle Jean avait
ruiné les premières terrasses, se trouvant affaiblie dans
les fondements par le passage de la mine, s'ébranla sous
les secousses du bélier et s'écroula vers le milieu de la
nuit. A cette vue, les Romains firent éclater leur joie ;
mais ils ne tardèrent pas à changer de sentiment lorsque
le jour fut venu et qu'ils s'aperçurent que les Juifs, pré-
voyant cette chute, avaient construit d'avance un second
mur derrière celui qu'ils voyaient menacer de s'écrouler.
Ils espéraient néanmoins que ce second mur, fraîche-
ment construit, et rendu d'ailleurs accessible par les
ruines du premier, ne pouvait résister longtemps. Cependant telle était l'opinion que la guerre leur avait
donné des Juifs, qu'aucun d'eux n'osait se présenter pour
monter le premier à l'assaut, convaincus qu'ils étaient
tous, qu'aucun soldat des premiers rangs n'en revien-
drait. Titus, pressentant ces dispositions, assembla ceux

d'entre eux qui étaient connus pour les plus braves, et leur adressa une allocution vive et éloquente pour ranimer leur courage ébranlé par ces luttes si longues, si sanglantes et de si peu de résultat.

Quelque encourageantes que fussent ces paroles, les Romains s'étaient fait une telle idée de la grandeur du péril, qu'aucun d'eux n'osa se présenter pour monter à l'assaut. Mais un Syréen, nommé Sabinus, s'offrit pour cette action héroïque : son aspect n'était rien moins que guerrier ; il était maigre, basané, de petite taille et de faible complexion ; cependant, sous cette humble apparence, brillait une âme noble et généreuse. Il s'approcha de Titus.

« Je m'offre avec joie, grand prince, dit-il, pour monter le premier à l'assaut et pour exécuter vos ordres ; puisse votre fortune seconder ma résolution. Mais lors même que je ne réussirais pas tout-à-fait et que je mourrais avant d'avoir atteint le haut de la brèche, je n'en aurais pas moins atteint mon but, puisque je ne me propose que la gloire et le bonheur de consacrer ma vie à votre service. »

A ces mots, il saisit son bouclier de la main gauche, s'en couvrit la tête ; et, tenant son épée à la main droite, il monta à l'assaut, suivi de onze autres qui voulurent imiter son exemple. Il s'avança néanmoins beaucoup plus qu'eux, avec une audace surhumaine, à travers une grêle

de flèches que lui lançaient les ennemis, et de grosses
pierres qu'ils faisaient rouler sur lui; et dont plus··rs
renversèrent quelques-uns de ceux qui essayaient de le
suivre. Mais rien ne pouvait ni l'étonner, ni ralentir ses
pas : il marchait toujours et parvint jusqu'au sommet du
mur : les Juifs, ne pouvant croire qu'il fût seul, et s'i-
maginant qu'il était suivi d'un corps de troupes nombreux, effrayés d'ailleurs d'une valeur si prodigieuse,
abandonnèrent la brèche. Malheureusement, par un de
ces revers contre lesquels la divine Providence se plaît
par fois à faire échouer les œuvres les plus grandes et
qui semblent le mieux assurées du succès, Sabinus, après
avoir si glorieusement commencé son entreprise, rencon-
tra une pierre qui le fit tomber. Au bruit de sa chute,
quelques ennemis se retournèrent, ils virent qu'il était
seul et renversé par terre : ils l'entourèrent alors et se
mirent à lui lancer des traits, et à le frapper; mais lui,
sans que son grand courage fût en rien abattu, à ge-
noux, toujours couvert de son bouclier et son épée à la
main, se défendit si vigoureusement qu'il blessa plusieurs de ceux qui avaient osé approcher de lui; enfin,
accablé de coups, perdant tout son sang par ses blessures, il s'affaiblit peu à peu jusqu'à ce qu'il ne put plus
tenir son épée : les Juifs se ruèrent alors sur lui et l'a-
chevèrent.

De onze soldats qui l'avaient suivi, trois parvinrent

presque au bout de la brèche, où ils périrent sous une grêle de pierres; quant aux huit autres, ils furent rapportés blessés dans le camp.

Deux jours après, c'est-à-dire le 8 juillet, vingt des soldats qui gardaient les terrasses, une enseigne de la cinquième légion et deux cavaliers se réunirent, prirent une trompette, et, vers la neuvième heure de la nuit, montèrent en silence par la brèche du mur jusqu'à la forteresse Antonia. Ils trouvèrent les soldats du corps-de-garde endormis, les égorgèrent, et, se voyant ainsi maître du mur, sonnèrent de la trompette. A ce bruit, les autres corps-de-garde croyant avoir affaire à un grand nombre d'assaillants, s'enfuirent épouvantés. Dès que Titus eut avis de cet événement, il se fit suivre de quelques de ses gardes, et monta sur la brèche, tandis que les Juifs, pris à l'improviste et tout déconcertés, se sauvaient les uns dans le temple, les autres par la mine que Jean de Giscala avait fait creuser pour ruiner les plates-formes. Mais ce dernier, ainsi que Simon, comprenant qu'ils étaient perdus si le temple tombait entre les mains des Romains, se réunirent avec leur plus braves soldats et firent des efforts incroyables pour repousser les Romains. La lutte fut acharnée et la mêlée sanglante : serrés les uns contre les autres, les combattants ne pouvaient faire usage de leurs armes de jet; mais confondant leurs rangs, sans pouvoir se reconnaître par

leur langage au milieu du bruit et des cris qui s'élevaient de toutes parts, ils se battaient à coups d'épée;
et, comme on ne pouvait combattre qu'en foulant aux
pieds les morts et les blessés, et qu'il n'y avait de place
ni pour fuir, ni pour poursuivre, l'on avançait et l'on ne
reculait qu'autant que l'on contreignait les adversaires de
céder ou que l'on y était contraint par eux. C'était un
flux et un reflux perpétuel d'hommes réduits à tuer ou à
tre tués; parce que ceux qui suivaient les premiers
.angs les pressaient si fort qu'il ne restait entre eux aucun intervalle. Le combat se maintint ainsi avec la même ardeur, durant dix heures de suite, jusqu'à ce qu'enfin la fureur opiniâtre et le désespoir des Juifs l'empor-
tassent sur la valeur et sur la discipline romaine. Titus
se retira, se contentant, pour ce jour, de s'être rendu
maître de la forteresse Antonia.

Un capitaine romain, nommé Julien, de Bithynie,
homme d'une valeur, d'une adresse et d'une force de
corps extraordinaire, donna, au moment de cette retraite, une preuve de ce que peut le courage et de l'as-
cendant qu'il exerce sur les hommes. Il s'élança au devant des ennemis et au milieu d'eux avec une telle impétuosité qu'il les fit reculer jusqu'au temple. Tous fuyaient
devant lui, croyant avoir affaire à un être surnaturel;
cependant il ne se contentait pas de les écarter de son
épée, mais il tuait tous ceux qu'il pouvait joindre. Les

Juifs étaient frappés de terreur, et Titus et les Romains d'étonnement et d'admiration. Mais il trouva sa perte dans le même accident que Sabinus : il tomba, et les Juifs, témoins de sa chute, l'environnèrent de toutes parts pour le tuer, tandis que les Romains, retirés dans la forteresse Antonia, poussaient de grands cris. Il s'efforça, à différentes reprises, de se lever, mais les Juifs l'en empêchèrent ; néanmoins, et bien qu'il fût étendu par terre, il en blessa plusieurs de son épée, et se défendit longtemps en se couvrant la tête de son bouclier. Enfin, épuisé par la perte de son sang, il fut tué sans qu'aucun des siens fût assez osé pour aller le secourir.

Titus ne put voir, sans une douleur profonde, mourir ainsi devant ses yeux et en présence de son armée, sans qu'il fût possible de le secourir, un homme d'une valeur aussi héroïque. Les Juifs eux-mêmes admirèrent l'action de Julien, et emportèrent son corps avec honneur. Puis, après avoir encore une fois repoussé les Romains, ils les renfermèrent dans la forteresse Antonia.

Les Romains y ouvrirent une large brèche, afin d'en rendre l'abord plus facile. Cependant le peuple avait été excessivement affligé de n'avoir pas, le 17 juillet, célébré la fête qui porte le nom de Endéléchisme, c'est-à-dire du brisement des tables ; Titus le sut, et il crut devoir en prendre occasion pour envoyer un nouveau message aux factieux. Il commanda donc à Josèphe d'aller vers Jean de Giscala, et, dans le cas où il persisterait dans sa folle résolution de résister, de lui proposer de sortir avec un tel nombre de gens que bon lui semblerait, et d'en venir à un combat décisif ; qu'il devait être las de profaner le lieu saint et d'offenser Dieu par tant de sacrilèges ; qu'en attendant, il l'autorisait à choisir tous ceux de sa nation qu'il voudrait pour recommencer d'offrir à Dieu les sacrifices interrompus.

Pour se conformer à cet ordre, Josèphe monta sur un lieu élevé, d'où il désirait n'être pas entendu seulement de Jean, mais encore de tous les siens, et leur exposa l'objet de sa mission. Il n'oublia rien pour les conjurer d'avoir pitié de leur patrie, d'éviter l'horrible catastrophe de la ruine du temple que le feu menaçait déjà, et de penser à rendre de nouveau à Dieu les adorations qui lui sont dues. Son discours émut le peuple ; mais personne n'osa ouvrir la bouche pour témoigner sa sympathie ; quant à Jean de Giscala, il n'y répondit que par des injures et des ma édictions.

Les larmes et les sanglots étouffèrent la voix de Josèphe : les Romains eurent compassion de sa douleur et admirèrent son dévouement à la patrie ; mais Jean de Giscala et les siens n'en furent que plus irrités et plus désireux de le prendre. Cependant les habitants de Jérusalem furent vivement touchés de son discours ; plusieurs d'entre les plus distingués se retirèrent vers

c§ Romains, et il y en aurait eu davantage encore, si
li s corps de garde des factieux ne les en eussent empê-
chés. Titus les reçut parfaitement ; et, craignant qu'ils
ne se fissent scrupule de vivre avec des étrangers et
d'une manière différente de celle que prescrivait leur
loi, il leur promit de se retirer à Gophna, et leur promit
même de leur donner des terres aussitôt que la guerre
serait terminée. Ils obéirent avec joie, et furent enchan-
tés de cet accueil si gracieux. Mais les factieux, auxquels
ce départ déplaisait, firent courir le bruit que les Romains les avaient fait mourir ; et cet artifice empêcha
quelques temps que d'autres s'enfuissent. Aussitôt que
Titus en eut avis, il fit revenir de Gophna les Juifs qu'il
y avait envoyés, et leur fit faire le tour des positions
que les factieux occupaient encore, afin que le peuple
pût les voir, et s'assurer du bon accueil qu'ils avaient
reçu. Il en résulta qu'un grand nombre d'habitants se
retirèrent chez les Romains, et que ceux qui ne purent
le faire conjurèrent les factieux avec des larmes et des
gémissements de sauver la patrie et de sortir du temple
pour empêcher les assiégeants d'y mettre le feu, bien
qu'ils eussent promis de ne le faire que dans le cas où
on les y obligerait.

Mais ces scélérats ne leur répondirent que par des
injures ; et, plus furieux que jamais, choisirent, pour y
placer les machines avec lesquelles ils lançaient des

pierres et des flèches, le dessus même du temple, qu'ils transformaient ainsi en une place forte.

La faim les tourmentait de jour en jour davantage, parce que leurs vols produisaient de moins en moins. Le désespoir leur suggéra une résolution extrême : ce fut d'attaquer les Romains, et en particulier le camp que ceux-ci avaient établi sur la montagne des Oliviers. Ils espéraient le surprendre, parce qu'ils avaient choisi, pour faire leur sortie, l'heure où les Romains se reposaient. Mais ils furent déçus dans leur attente ; car les assiégeants les virent venir, et eurent le temps de se préparer à les recevoir. Les Juifs n'en persistèrent pas moins dans leur attaque ; la lutte fut vivement engagée et vaillamment soutenue de part et d'autre. Il se fit des actions merveilleuses de courage : les Romains avaient pour eux, comme dans tous les combats de cette guerre, l'avantage que donnent la discipline, l'habitude et la science de la guerre ; et les Juifs une impétuosité sans égale et le mépris le plus profond du danger et de la mort. La haine animait les uns et l'impérieuse nécessité les autres : les Romains se seraient crus déshonorés s'ils avaient laissé les Juifs rentrer dans leur ville sans avoir expié leur audace de les avoir attaqués jusque dans leur camp, et les Juifs ne voyaient de salut pour eux qu'en les y forçant : mais, malgré toute leur valeur, ils échouèrent et furent repoussés. Tandis que les Romains les poursuivaient, un che-

4

valier, nommé Lédanius, fit une action presque incroyable. Il s'était élancé à leur poursuite, et avait poussé son
cheval à toute bride à travers la vallée ; les ayant rejoints,
avec une force et une adresse extraordinaires, il enleva
en passant un jeune Juif fort robuste et fort bien armé
qui fuyait comme les autres, le prit par le pied, et le porta
à Titus comme un présent qu'il lui offrait. Ce prince admira et loua fort l'action du chevalier ; mais il fit exécuter le prisonnier, comme on faisait de tous les Juifs qu'on
prenait les armes à la main.

V

Les Romains reprirent ensuite avec une nouvelle ardeur le travail de la construction des terrasses, afin de pouvoir se rendre maîtres du temple ; cependant, renonçant à l'espoir d'empêcher ces travaux affaiblis par les pertes qu'ils avaient faites dans tant de combats, voyant d'ailleurs que la guerre devenait de plus en plus ardente et acharnée, et le péril dont le temple était menacé, imminent, les assiégés résolurent de ruiner eux-mêmes une partie de cet édifice, pour en sauver et en pouvoir mieux défendre le reste, de même qu'on sacrifie un membre malade pour préserver le corps entier. Ils mirent donc le feu à la partie de la galerie qui faisait communiquer ce temple avec la forteresse Antonia, et en abattirent ensuite vingt coudées de ce que le feu avait épargné : ils furent ainsi les premiers qui ruinèrent et détruisirent ces superbes ouvrages.

Deux jours après, c'est à dire le vingt-quatre juillet, le feu fut mis une seconde fois, mais par les Romains, à cette même galerie. Lorsqu'il en eut consumé à peu près quatorze coudées, les Juifs en abattirent le comble, pour achever de ruiner tout ce qui mettait en communication avec le temple, l'emplacement où était autrefois la forteresse Antonia. Bien loin de songer, comme ils auraient pu le faire, à éteindre le feu, ils le regardaient d'un œil impassible poursuivre ses ravages, pour le faire servir à leurs desseins, et n'en continuaient pas moins leurs escarmouches contre les avant-postes des Romains.

Les défenseurs du temple faisaient des efforts inouïs pour résister à ceux qui les attaquaient du haut des plates-formes : ils résolurent d'unir la ruse à la force. Le vingt-sept juillet, ils remplirent de bois, de soufre et de bitume l'espace du portique, du côté de l'occident, entre les poutres et le comble; puis ils se firent attaquer, et feignirent de fuir pour attirer les Romains à leur suite. Les plus téméraires d'entre ceux-ci les suivirent en effet et prirent des échelles pour escalader ce portique; mais

ceux qui avaient quelque prudence se défièrent de cet
empressement que les Juifs avaient mis à fuir, et n'imi-
tèrent pas leurs camarades. Aussitôt que ceux-ci furent
parvenus au haut du portique, les assiégés mirent le feu
aux matières inflammables qu'ils avaient préparées ; soudain on vit s'élever une grande flamme qui jeta l'épouvante dans l'âme de ceux des Romains qui n'étaient que
spectateurs ; et le trouble et le désespoir dans l'âme des
malheureux qui se virent tout à coup environnés de feu
et de fumée. Les uns se jetaient du haut en bas du portique, du côté des leurs ; les autres se précipitaient du
côté des ennemis ; mais ils se brisaient les membres
en touchant le sol ; quelques-uns, pour éviter d'être
brûlés vifs, se perçaient de leur épée. Bien qu'il fût
irrité contre ceux qui périssaient ainsi pour avoir en-
trepris une attaque sans en avoir reçu l'ordre, Titus
ne put se défendre d'une compassion extrême pour
leur sort. La vive douleur qu'il manifesta rendit
sans doute la mort moins cruelle pour ceux qui, par
amour pour lui et pour sa gloire, avaient avec joie ex-
posé leur vie et périssaient maintenant si misérablement.
Ils purent le voir se porter en avant, jeter de grands cris,
conjurer leurs compagnons de les secourir, et leur donner toutes les preuves qu'il pût de sa sympathie et de sa
douleur : ces témoignages, de la part d'un si grand
prince, furent lieu à ces infortunés de la plus honorable

5.

de toutes les sépultures. Quelques-uns d'entre eux purent gagner la partie la plus spacieuse de la galerie, où ils se trouvèrent à l'abri de la violence du feu, mais non des flèches des Juifs, qui les tuèrent tous l'un après l'autre, sans qu'un seul pût se sauver. Mais tous moururent avec courage et sans honteuses faiblesses; au contraire, un jeune Romain d'entre eux, nommé Longus, se distingua particulièrement. Il lutta d'abord avec un courage héroïque contre les Juifs; ceux-ci, pleins d'admiration pour ce jeune homme, et voyant d'ailleurs qu'ils ne pouvaient le tuer, l'exhortèrent à descendre du portique, lui promettant de l'épargner. Cependant son frère, qui était à côté de lui, le conjurait de ne pas ternir sa réputation et la gloire du nom romain en paraissant craindre de mourir. Il le crut, et, levant son épée au-dessus de sa tête, assez haut pour qu'elle fût vue des deux partis, il se la plongea dans la poitrine. Un autre d'entre eux se sauva par adresse. Ayant aperçu un de ses compagnons, il l'appela et lui promit de le faire son héritier s'il le recevait entre ses bras, au moment où il se jetterait du haut du portique : celui-ci accepta la proposition, mais pour son malheur: car, accablé sous le poids de son compagnon, il mourut sur l'heure même, tandis que le premier se sauva.

La perte de tant de braves gens affligea les Romains, mais leur apprit aussi à mieux se tenir en garde contre les embûches que les Juifs leur tendaient, et où ils s'engageaient témérairement. Le portique fut dévoré presque en entier par les flammes, et, le lendemain, les Romains mirent encore le feu au portique du nord, et le brûlèrent jusqu'à l'angle oriental du côté de la vallée du Cédron.

Tandis que ces tragiques événements se passaient à l'entour du temple, la famine faisait d'horribles ravages dans la ville, et en moissonnait cruellement la malheureuse population. Qui pourrait en dépeindre et en faire connaître toutes les misères? Sur le moindre soupçon qu'il restait quelque chose à manger dans une maison, on lui déclarait la guerre. Les meilleurs amis devenaient ennemis, pour tâcher de soutenir leur vie avec ce qu'ils pouvaient se ravir l'un à l'autre. On n'ajoutait pas même foi au témoignage des mourants, lorsqu'ils affirmaient qu'il ne leur restait plus rien; mais, par une horrible barbarie, on les fouillait pour s'assurer qu'ils n'avaient point caché d'aliments, eux qui mouraient parce qu'ils en manquaient. Et, quand ces hommes auxquels il ne restait plus d'humain que la forme, reconnaissaient qu'ils s'étaient trompés en s'attendant à trouver de quoi se nourrir, ils entraient dans des fureurs telles qu'on les eût pris pour des chiens enragés; ils tombaient dans une sorte de délire, et le moindre obstacle qu'ils rencontraient les faisait chanceler comme des hommes ivres. Ce n'était pas assez pour eux de fouiller une fois, jusque dans les derniers recoins, les maisons dans lesquelles ils entraient : ils recommençaient à plusieurs reprises. L'excès de la faim les poussait à ramasser, pour se nourrir, ce que les derniers des animaux eussent dédaignés. Ils mangeaient jusqu'au cuir de leurs souliers, jusqu'aux courroies des armes ; une poignée de foin mois se vendait quatre attiques. Jamais famine aussi affreuse ne désola une ville, jamais aussi, ni chez les Grecs, ni chez les nations les plus barbares, la faim ne poussa à d'aussi épouvantables extrémités. Ce que j'ai à dire à ce sujet est tellement horrible, que c'est presque invraisemblable, et que je n'aurais pu me résoudre à le rapporter, si je ne l'avais entendu raconter par des gens qui eurent le malheur d'en être témoins.

Une femme, nommée Marie, fort riche et de grande naissance, était venue avec d'autres du bourg de Bathéchor, c'est-à-dire maison d'Hyssope, se réfugier à Jérusalem, et s'y trouva assiégée. Les factieux qui opprimaient cette malheureuse ville ne se contentèrent pas d'enlever à cette femme tout ce qu'elle possédait, ils lui ravirent aussi à plusieurs reprises ce qu'elle avait amassé pour vivre. La douleur de se voir ainsi traitée la jeta dans le désespoir ; de sorte qu'après avoir vomi mille imprécations contre eux, il n'y eut point de paroles outrageantes dont elle ne les apostrophât, pour les irriter et les porter à la tuer ; mais ils ne daignèrent pas même lui rendre ce triste service, ni témoigner le moindre ressentiment de ses paroles. Réduite à cette extrémité, et n'entrevoyant plus aucune lueur d'espérance de quelque côté qu'elle se tournât, elle céda à la faim qui la dévorait et au feu que la colère avait allumé dans son cœur, et prit une résolution qui fait horreur à la nature. Arrachant son fils de son sein, elle lui dit : « Malheureux enfant, né au milieu de la guerre, de la famine et des factions qui déchirent notre patrie et conspirent à l'envi à sa ruine, pourquoi essaierai-je de te conserver ? Serait-ce pour que tu devinsses esclave des Romains, dans le cas où ils voudraient nous sauver ? Mais la faim nous fera mourir avant que nous ne tombions entre leurs mains. Et d'ailleurs, ces tyrans qui nous oppriment, ne sont-ils pas mille fois plus redoutables que les Romains et que la faim ? Il vaut mieux que tu meures pour me servir de nourriture, pour que je puisse braver nos tyrans, pour frapper de stupeur la postérité par une action aussi tragique, et pour que rien ne manque désormais de ce qui peut combler la mesure de nos maux, et rendre les Juifs le peuple le plus malheureux de la terre. »

Elle dit, et égorgeant son fils, le fit cuire, en mangea une partie et cacha le reste. Il arriva que les factieux entrèrent peu après dans la maison pour la visiter de nouveau ; ils sentirent l'odeur de ce mets épouvantable, et menacèrent cette femme de la tuer, si elle ne leur

montrait les aliments qu'elle s'était préparés. Elle leu
répondit qu'elle en avait encore une partie, et leur mon-
tra en même temps les restes du corps de son malheureux enfant. Bien que leurs cœurs fussent de bronze,
ces hommes, à cet aspect, frémirent d'horreur et sem-
blèrent être hors d'eux-mêmes. Mais la mère, dans le
transport de sa démence, leur dit d'une voix assurée :

« C'est mon fils, oui, c'est mon propre fils ; et c'est
moi-même qui ai trempé mes mains dans son sang.
Vous pouvez bien en manger, puisque j'en ai mangé la
première. Seriez-vous moins hardis qu'une femme, et
auriez-vous plus de compassion qu'une mère ? Que si
votre pitié ne vous permet pas de prendre part à cette
victime que je vous offre, j'achèverai de la manger.

Ces hommes, qui jusqu'alors étaient restés étrangers à
tout sentiment d'humanité, s'en allèrent tout tremblants ;
et quelque grand que fût leur besoin de trouver des aliments, ils laissèrent ce mets abominable à cette mère
infortunée. Cette effroyable action fut bientôt connue par
toute la ville, et chacun, en l'apprenant, en conçut la
même horreur que s'il eût lui-même commis le crime ;
ceux que la faim tourmentait le plus souhaitaient d'être
promptement délivrés de la vie, et enviaient le sort de
ceux qui étaient morts avant d'avoir pu ou entendre raconter une chose aussi exécrable.

La nouvelle de la mort de cet enfant sacrifié par sa

propre mère au désir de se conserver elle-même, parvint bientôt au camp des Romains : quelques-uns refusèrent d'y croire, les autres en furent profondément
émus; dans tous, elle augmenta la haine qu'ils avaient
déjà vouée aux Juifs. Pour se justifier devant Dieu de
toute part à ce crime, Titus protesta hautement qu'il
avait offert aux Juifs une amnistie générale de tout le
passé ; que, par conséquent, s'ils avaient mérité de se
nourrir de ces affreux aliments, c'est qu'ils avaient pré-
féré la révolte à l'obéissance, la guerre à la paix, la famine à l'abondance, et qu'ils avaient porté l'abomination
de toutes les souillures et enfin l'incendie dans ce temple que lui s'était efforcé de préserver de la ruine ; mais
qu'il ensevelirait cet horrible crime sous les ruines de
leur capitale, afin que le soleil n'eût plus à éclairer une
ville où les mères se nourrissent de la chair de leurs enfants, et où les pères se rendaient complices de ces crimes, puisque de si étranges misères ne pouvaient les
résoudre à déposer les armes.

Après de telles preuves d'endurcissements et d'opiniâtreté dans leur résolution de ne pas se rendre, Titus
ne pouvait plus espérer qu'aucune crainte, aucune considération ramenât les factieux. Se confirmant de jour
en jour davantage dans la résolution de presser la fin
du siége, il fit, aussitôt que deux des légions eurent
achevé leurs plates-formes, le huit d'août, mettre ses

béliers en batteries contre les parties extérieures du temple, du côté de l'occident. Mais ces machines battirent en vain cet édifice pendant six jours de suite et sans relâche, tant les murailles en étaient solides et à l'épreuve de tout effort. Cependant les soldats travaillaient en même temps à en saper les fondements du côté du nord. Ils se donnèrent une peine extrême, brisèrent leurs instruments, et tout cela en pure perte, ou pour n'arriver qu'à enlever quelques pierres du dehors, sans pouvoir ébranler celles du dedans qui soutenaient toujours les portes. Désespérant enfin de réussir dans cette entreprise par ces moyens, ils se décidèrent à en venir à l'escalade. Les Juifs, qui ne prévoyaient pas cette résolution, ne purent les empêcher de planter leurs échelles ; mais jamais résistance ne fut plus vigoureuse que celle qu'ils leur opposèrent : ils tuaient à coup d'épée ceux qui étaient parvenus au haut des échelles, sans leur laisser le temps de se couvrir de leurs boucliers ; renversaient ceux qui montaient, et faisaient tomber des échelles toutes couvertes de soldats, ce qui coûta la vie à un grand nombre de Romains. Mais ce fut surtout autour des aigles que la mêlée fut sanglante et acharnée, parce que les assiégeants en considéraient la perte comme une honte insupportable, et qu'il n'y avait rien que les Juifs ne fissent pour conserver celles qu'ils avaient enlevées.

Plusieurs d'entre elles étaient tombées en leur pouvoir, et ils se battirent si bien qu'ils en restèrent maîtres et contraignirent les assaillants à se retirer. Mais quoiqu'ils eussent eu le dessous dans cette affaire, les Romains ne s'y montrèrent pas moins dignes de leur réputation et de leur gloire passée, par le rare courage qu'ils déployèrent.

Cet échec décida leur général à faire mettre le feu au portique, pour éviter de nouveaux combats et les pertes d'hommes qu'ils auraient entraînées à leur suite, s'il avait voulu persister dans son désir de conserver cet édifice à des étrangers rebelles.

VJ

Peu après, deux des plus cruels et des plus criminels d'entre les factieux, vinrent se rendre à Titus. Ils comptaient que le dernier avantage remporté par les Juifs le rendraient indulgent. En effet, bien que Titus n'ignorât pas les crimes que ces hommes avaient commis, et qu'il sût que la nécessité seule les contraignait à se rendre, et encore qu'il ne pensât pas que des gens qui abandonnaient leur patrie après y avoir allumé le feu de la guerre civile et de la guerre étrangère, fussent dignes de pardon, il se fit un scrupule de manquer à la parole qu'il avait donnée de faire grâce à ceux qui se

5.

rendraient, quelque désir qu'il eût de les châtier comme ils le méritaient, et quelque grande que fût sa haine contre eux. Néanmoins, en les laissant aller, il leur témoigna ses sentiments par l'accueil qu'il leur fit.

Selon l'ordre qu'il leur en avait donné, les Romains mirent le feu aux portes du temple. L'incendie n'en consuma pas seulement le bois, mais il fit fondre des lames d'argent dont elles étaient recouvertes ; et, s'étendant plus avant, gagna jusqu'aux galeries. Les Juifs furent tellement surpris de se voir ainsi environnés de flammes, qu'ils en demeurèrent sans cœur et sans force. Pas un d'entre eux ne s'avança pour éteindre le feu ou pour arrêter les Romains ; mais, comme si le temple eût été déjà consumé, ils étaient dans une telle stupeur, qu'au lieu de s'occuper à empêcher le reste de brûler, ils se contentaient de maudire leurs ennemis. Cet embrasement continua ainsi le reste du jour et la nuit suivante, parce que, quelque actif qu'il fût, il ne pouvait brûler les galeries que successivement.

Le lendemain, Titus fit éteindre l'incendie, et aplanir un chemin le long des portiques, afin d'en rendre l'accès plus facile. Il convoqua ensuite le conseil de ses principaux officiers, savoir Tibère Alexandre, son lieutenant ; les commandants des légions, et Marc-Antoine Julien, le gouverneur de Judée. Ils délibérèrent sur ce qu'il y avait à faire à l'égard du temple : les uns proposèrent

d'user du droit de la guerre en le ruinant ; ils donnaient
pour raison que, tant qu'il subsisterait, les Juifs qui s'y
réuniraient se révolteraient. D'autres furent d'avis de le
conserver si les Juifs l'abandonnaient, et de le détruire
s'ils persistaient à s'y défendre, parce que, dans ce cas,
on ne devait plus le considérer comme un temple, mais
comme une place forte, et que, d'ailleurs, ce serait à eux
seuls qu'on devrait être attribué la ruine, puisqu'ils en
auraient été la cause. Titus pensait que, bien que les
Juifs se servissent du temple comme d'une place de
guerre pour soutenir leur révolte, il ne serait pas juste
de se venger sur une chose inanimée des fautes commi-
ses par les hommes, en réduisant en cendres un monument qui serait un des ornements de l'empire. Quand
Titus eut ainsi manifesté son avis, Alexandre et deux
des chefs de légions déclarèrent qu'ils le partageaient.
En conséquence, le conseil fut levé, et le César commanda que l'on fît reposer toutes les troupes, pour les
mettre en état de se comporter plus énergiquement,
lorsqu'il en serait besoin. Il préposa ensuite quelques
cohortes au soin d'éteindre le feu, et de frayer un chemin à travers les ruines. Quant aux Juifs, la stupeur où
ils étaient plongés et la fatigue les empêchèrent de rien
entreprendre ce jour-là.

Mais, le lendemain, ils reprirent courage ; et, après
avoir puisé de nouvelles forces dans le repos, ils sorti-

rent vers la seconde heure du jour, par la porte du tem
ple qui donnait du côté de l'est, et attaquèrent le corps
de garde le plus avancé des assiégeants. Les Romains firent bonne contenance et leur opposèrent le mur de fer
de leurs boucliers, qu'ils élevaient au-dessus de leurs
têtes et serraient les uns contre les autres en forme de
tortue. Ils n'auraient pu néanmoins résister longtemps à
cette multitude en fureur, si Titus, qui observait ce combat du haut du terrain de la forteresse Antonia, n'était
venu à leur secours avec un corps de troupes d'élite. Il
chargea les Juifs si vivement, que, dès le premier choc,
ils lâchèrent pied. Mais ils revinrent presque aussitôt
après au combat, et ramenèrent les Romains ; ceux-ci
les repoussèrent de nouveau, puis eurent encore le dessous, et la lune se prolongea ainsi à travers ce flux et ce
reflux d'avantages et de revers, jusque vers la cinquième
heure du jour, où les Juifs furent enfin refoulés dans le
temple.

Titus entra de son côté dans son quartier, situé sur
l'emplacement de la forteresse Antonia, et résolut d'attaquer le lendemain au matin, 10 août, le temple à la tête
de toutes ses forces. On était donc à la veille de ce jour
fatal que Dieu avait désigné, dans sa sagesse éternelle,
pour être celui où le temple devait être brûlé, après
une longue révolution d'années ; le même que celui où il
avait été déjà brûlé par Nabuchodonosor, roi de Baby-

lonc. Mais cette fois, ce ne furent pas des étrangers, ce furent les Juifs qui furent la cause de cet épouvantable malheur.

Cependant les factieux, loin de demeurer en repos, firent une nouvelle sortie sur les assiégeants, et en vinrent aux mains avec ceux qui, d'après l'ordre de Titus, éteignaient le feu. Les Romains les repoussèrent vivement et les poursuivirent jusqu'au temple.

Alors un soldat, n'attendant pas qu'on lui en donnât l'ordre, et sans reculer devant l'énormité de son action, mais poussé comme par une inspiration divine, se fit soulever par l'un de ses compagnons, et saisissant un tison ardent, le jeta par la fenêtre d'or dans le lieu par où l'on entrait dans les bâtiments qui entouraient le temple du côté du septentrion. Le feu s'y mit aussitôt ; à cette vue, les Juifs poussèrent un cri proportionné à l'immensité de leur douleur. Ils accoururent tous à la fois au secours, n'ayant plus aucun souci de leur vie, et prodiguant toutes leurs forces pour ce temple à cause duquel seul, jusqu'alors, ils les avaient ménagées.

On vint en courant l'annoncer à Titus : il se reposait alors dans sa tente des fatigues du combat ; il s'élança dans le costume dans lequel il se trouvait, et courut vers le temple pour faire arrêter l'incendie : les chefs de l'armée le suivirent, et avec eux, les légions effrayées, avec tout le bruit et tout le tumulte de si grandes forces se

mouvant sans ordre. Le César faisait signe de la voix et
du geste à ceux qui combattaient de ne songer qu'à éteindre le feu ; mais un bruit plus grand empêchait que l'on
entendît sa voix ; et l'ardeur et la colère dont les soldats étaient animés ne leur permettaient pas de prendre
garde aux signes qu'il leur faisait. Ni les exhortations, ni
la menace ne pouvaient contenir l'impétuosité de ces légions accourant en foule pressée ; leur seule fureur les
conduisait ; et les soldats se pressaient tellement aux
entrées que plusieurs étaient foulés aux pieds, et que
d'autres, tombant dans les ruines brûlantes et toutes fu-
mantes des portiques, n'étaient pas moins malheureux
que les vaincus.

Quand tous les soldats furent arrivés au temple, feignant de ne pas entendre les ordres du César, les derniers se mirent à exciter les plus avancés à mettre le feu.
Déjà les factieux étaient dans l'impuissance de porter
secours. On ne voyait que fuite et carnage ; la multitude,
faible et sans armes, égorgée dans quelques mains qu'elle
tombât. Autour de l'autel étaient accumulés des monceaux de cadavres, et sur les degrés par lesquels on y
montait, le sang coulait comme par torrents, en même
temps qu'on y voyait rouler les corps de ceux qu'on y
égorgeait dans les galeries supérieures.

Le César, voyant qu'il ne pouvait plus contenir l'impétuosité de ses soldats, et que l'incendie prenait d'ailleurs

le dessus, entra dans l'intérieur du temple avec les autres chefs de l'armée, et trouva, après l'avoir considéré, que le sanctuaire, par sa magnificence, surpassait de beaucoup ce que la renommée en avait publié parmi les nations étrangères ; et que ce que les Juifs en avaient dit, quelque exagération que l'on avait cru y voir, n'était pas au-dessus de la vérité.

Comme le feu n'était pas encore arrivé jusque-là et qu'il ne consumait que les bâtiments extérieurs du temple, Titus, pensant avec raison qu'on pourrait encore le conserver, s'avança vers les siens et essaya lui-même d'engager les soldats à éteindre le feu ; il commanda en outre à l'un de ses officiers, nommé Libélarius, capitaine d'une partie de sa garde, de frapper à coup de bâton et de contenir ceux qui désobéissaient. Mais la fureur qui animait les soldats, la haine pour les Juifs, et une sorte d'exaltation guerrière, les rendaient insensibles à la crainte du châtiment et à la voix de la discipline. La plupart d'entre eux étaient d'ailleurs poussés par l'espoir d'un riche pillage, et croyaient que l'intérieur de l'édifice recélait d'immenses trésors, parce qu'ils avaient vu les parois de murs revêtus de lames d'or. Au moment même où Titus allait sortir pour contenir les soldats, l'un d'eux, se glissant dans le sanctuaire, y mit le feu à une porte, et soudain une grande flamme s'éleva et obligea le César et ceux qui l'accompagnaient de se retirer,

5.

sans que nul de ceux qui étaient au-dehors se mît en devoir d'éteindre l'incendie.

C'est ainsi que ce superbe édifice fut brûlé, quoique Titus eût pu faire pour le préserver. Jamais monument ne fut plus digne d'admiration, tant par sa structure, sa magnificence et sa richesse, que par sa sainteté, qui était comme le comble de sa gloire.

Ce qu'il y a de plus étonnant dans cette ruine du temple, c'est qu'elle soit arrivée au même mois et au même jour que les Babyloniens l'avaient autrefois détruit (587 av. J.-C.) Le second embrasement arriva six cent cinquante sept ans après le premier, six cent trente-neuf ans et quarante-cinq jours depuis que Zorobabel eût fait rebâtir le temple, du temps du prophète Aggée, et onze cent trente ans sept mois quinze jours que le roi Salomon eût bâti le premier temple ; enfin la seconde année du règne de Vespasien (11 d'août, 70 après J.-C.)

Tandis que le temple brûlait, les soldats pillaient tout ce qui leur tombait sous la main et faisaient un horrible carnage : on ne pardonnait ni à l'âge ni au rang ; les enfants, les vieillards, les profanes et les prêtes étaient également égorgés ; la guerre et le carnage environnaient cette foule, ceux qui suppliaient comme ceux qui se défendaient. La voix bruyante de l'incendie se mêlait aux gémissements des mourants. La hauteur des

flammes et la grande étendue de l'édifice qu'elles dévoraient, faisait croire à ceux qui ne le voyaient que de
loin, que toute la ville était en feu.

On ne saurait imaginer rien de plus grandiose et de
plus terrible que le bruit qui résultait et des cris de
colère et de vengeance des légions, et des cris de désespoir des factieux qui se voyaient environnés de fer et de
feu, et des plaintes du peuple qui encombrait les ave-
nues du temple, et des voix confuses de ceux qui, de la
montagne opposée au temple, voyaient un spectacle si
affreux. Ceux même que la faim avait épuisés et réduits
à la dernière extrémité, apercevant cet embrasement,
rassemblaient tout ce qui leur restait de force pour dé-
plorer ce malheur; et les échos des montagnes d'alen-
tour et du pays qui est au-delà du Jourdain, redou-
blaient encore cet horrible bruit. Mais quelque grand
qu'il fût, les maux qui le causaient l'étaient encore davantage. Le feu qui dévorait le temple était si grand et
si violent qu'il semblait que la montagne même sur laquelle il était bâti, brûlât jusque dans ses fondements.
Le sang coulait en telle abondance qu'on eût dit qu'il
disputait avec le feu à qui s'étendrait davantage. Le nombre des morts et des mourants surpassaient celui de ceux
qui égorgeaient : le sol était couvert de cadavres sur
lesquels passaient les soldats pour poursuivre, par ce
chemin effroyable, ceux qui s'enfuyaient.

Cependant les factieux avaient repris l'offensive : ils luttaient avec le courage du désespoir, et parvinrent à faire un si grand effort, qu'ils réussirent à repousser les Romains, à gagner les parties extérieures du temple, et, de là, à se retirer dans la ville. Quelques-uns des sacrificateurs se servirent, pour se défendre, au lieu de dards et d'épées, des broches qui étaient dans le temple, et au lieu de pierres, de leurs siéges qui étaient en plomb, mais voyant que cela ne leur servait de rien et que le feu les gagnait de toutes parts, ils se retirèrent sur le mur qui avait huit coudées d'épaisseur, et s'y maintinrent quelque temps. D'autres se précipitèrent dans le feu pour ne pas survivre au temple.

Les Romains, une fois le temple brûlé, pensèrent qu'il serait inutile d'épargner le reste, et mirent, en conséquence, le feu à tous les édifices construits à l'entour : ils furent consumés avec tout ce qui restait de portiques et de portes, excepté les deux qui regardaient l'orient et le midi, qu'ils ruinèrent depuis jusque dans les fondements. Ils mirent ensuite le feu à la trésorerie qui regorgeait d'une énorme quantité de richesses, tant en or qu'en argent, en superbes vêtements et en toutes sortes de choses précieuses que les plus riches d'entre les Juifs y avaient mis en dépôt.

Il y avait néanmoins encore, hors du temple, une gaerie que l'incendie avait épargnée jusqu'alors : six mille personnes du peuple, hommes, femmes et enfants s'y étaient réfugiés. Mais les soldats, que la colère avait rendus impitoyables, y mirent aussi le feu sans attendre les ordres de Titus. Aucun des malheureux qui y avaient cherché un asile n'échappa : les uns furent brûlés, les autres se jetèrent en bas pour éviter de l'être, se tuèrent eux-mêmes. Un faux prophète fut cause de leur perte : car ils n'étaient montés dans le temple que parce qu'il leur avait donné l'assurance qu'ils y trouveraient ce jour-là des preuves et des effets de la protection de Dieu. Les factieux se servaient de ces gens pour tromper le peuple et pour retenir, par de semblables promesses, ceux qui voulaient s'enfuir vers les Romains, et qui ne craignaient pas d'affronter le danger et les obstacles qu'il y avait à le faire, en entreprenant de tromper la surveillance des gardes, ou de leur faire violence. Ils réussissaient facilement sur l'esprit de ces infortunés, affaiblis par la misère et les privations, et qui saisissaient avidement la moindre lueur d'espérance ; d'autant plus à plaindre que, ajoutant aisément foi à des imposteurs qui accusaient de leur crédulité et du nom de Dieu pour les tromper, ils fermaient les yeux et se bouchaient les oreilles pour ne point voir et ne point entendre les signes irrécusables et les avertissements par lesquels Dieu leur prédisait leur ruine.

Il ne sera pas hors de propos de rapporter ici quelques-uns de ces signes et de ces avertissements.

Une comète, affectant la forme d'une épée, parut sur Jérusalem durant une année entière.

Avant que la guerre ne fût commencée, le 8 du mois d'avril, alors que le peuple était assemblé pour célébrer la fête de Pâques, on vit, pendant la neuvième heure de la nuit et durant toute une demi-heure, à l'entour de l'autel et du temple, une si grande lumière que l'on eût dit qu'il faisait jour. Les gens sans expérience virent un prodige de bon augure, mais ceux qui étaient instruits dans les choses saintes, le considérèrent comme un présage de ce qui arriva depuis.

Lors de cette même fête, une vache que l'on conduisait pour l'offrir en sacrifice, mit bas un agneau au milieu même du temple.

Vers la sixième heure de la nuit, à la même époque, la porte du temple qui regardait l'orient s'ouvrit d'elle-même quoiqu'elle fût fermée avec de grosses serrures, avec des barres de fer, des verrous qui entraient profondément dans le seuil qui était d'une seule pierre, et quoique cette porte, qui était d'airain, fût tellement pesante, que vingt hommes pouvaient à peine la mouvoir quand il fallait l'ouvrir. Les gardes en donnèrent aussitôt avis au magistrat, qui accourut et eut une peine extrême à la faire refermer. Les ignorants y virent encore un bon signe, et interprétèrent ce prodige en disant qu'il signifiait que Dieu ouvrait ses mains libérales pour les combler de tous les biens. Mais les hommes instruits déclarèrent, au contraire, que cela signifiait que le temple se ruinerait de lui-même, et que cette ouverture d'une des portes devait être considérée comme le présage le plus favorable que les Romains pussent désirer.

Un peu après cette même fête, c'est-à-dire le 27 de mai, il arriva une chose qui pourrait passer pour fabuleuse, si des personnes qui en ont été témoins, n'en avaient confirmé la vérité. Avant le lever du soleil, on aperçut dans les airs, par toute cette contrée, des chariots portant des gens armés, traversant les nues et se répandant à l'entour des villes comme pour les enfermer.

Le jour de la fête de la Pentecôte, les sacrificateurs qui passèrent la nuit dans le temple intérieur pour célébrer le service divin, entendirent du bruit, et aussitôt une voix qui répéta plusieurs fois : « *Sortons d'ici.* »

VII

Quatre ans avant que la guerre ne commençât, lorsque Jérusalem jouissait encore d'une paix profonde et
de l'abondance, Jésus, fils d'Ananus, qui n'était qu'un
simple paysan, vint à la fête des Tabernacles, qui se
célébrait tous les ans dans le temple en l'honneur de
Dieu, et cria : « *Voix du côté de l'Orient, voix du côté de
l'occident, voix des côtés des quatre vents, voix contre
Jérusalem et contre le temple, voix contre les nouveaux
mariés et les nouvelles mariées; voix contre tout le peuple.*
Et jour et nuit, sans cesse, il parcourait la ville, répétant

ces étranges paroles. Quelques hommes puissants no pouvant souffrir cela, et le considérant comme d'un mauvais présage, firent prendre cet homme et le firent battre de verges ; mais tandis qu'on le traitait si durement, il ne dit rien pour se défendre ni pour se plaindre, mais continua toujours de répéter les mêmes paroles. Les magistrats, croyant avec raison qu'il y avait en cela quelque chose de divin, le menèrent vers Albinus, gouverneur de Judée. Celui-ci ne put lui arracher une seule parole ni une seule larme, quoiqu'il le fît fouetter jusqu'au sang ; seulement, à chaque coup qu'on lui donnait, il répétait d'une voix plaintive et lamentable : « *Malheur, Malheur sur Jérusalem.* » Et quand Albinus lui demanda qui il était, d'où il était et ce qui le faisait parler ainsi, il n'obtint pas d'autre réponse ; il le renvoya donc comme un fou. Cependant cet homme ne parlait à personne ; et, jusqu'à ce que la guerre commençât, il allait répétant ces mots : « *Malheur, malheur sur Jérusalem* », n'injuriant point ceux qui le battaient, et ne remerciant pas non plus ceux qui lui donnaient à manger. Tout ce qu'il disait se réduisait à ces mots de triste présage, il les proférait d'une voix plus forte les jours de fête ; il agit ainsi durant sept ans et cinq mois, sans relâche, sans aucune intermission, et pourtant sans que sa voix en parût affaiblie ou enrouée. On vit enfin l'effet de ses prédictions : Jérusalem fut assiégée, et, alors, faisant le tour des murailles, il se mit encore à crier : « *Malheur, malheur sur la ville, malheur sur le peuple, malheur sur le temple* ; et, un jour, il ajouta à ces paroles : « *Malheur sur moi* », et à l'instant même une pierre lancée par une machine, l'abattit, et il expira en proférant ces mêmes mots : « *Malheur, malheur* ».

Après ce que nous venons de voir, on ne pourra guère douter que les hommes ne périssent par leur faute : car il n'est pas de moyens dont Dieu ne se serve pour les sauver et pour leur faire connaître ce qu'ils doivent faire. Ainsi, lorsque la forteresse Antonia fut tombée entre les mains des Romains, les Juifs réduisirent le temple à un carré, bien qu'ils ne pussent ignorer qu'il est écrit dans les livres saints *que la ville et le temple seraient pris lorsque cette circonstance se présenterait.*

Du reste, ce fut l'ambiguité d'un passage de la même écriture sainte qui les détermina surtout à s'engager dans cette malheureuse guerre ; le passage portait *que l'on verrait vers ce temps un homme de leur pays qui commanderait à la terre.* Ils l'interprétèrent en leur faveur, et les plus habiles y furent trompés ; ils pensèrent que l'oracle désignait Vespasien, qui fut proclamé empereur lorsqu'il était dans la Judée. Mais ils expliquaient ces prophéties selon leurs passions ou leur fantaisie, et ne surent combien ils s'étaient trompés que lorsqu'ils en eurent été convaincus par leur ruine.

Tandis que le lieu saint et les bâtiments qui l'environnaient brûlaient encore, et aussitôt après que les Juifs se furent retirés de la ville, les Romains plantèrent leur aigle vis-à-vis de la porte du temple qui regardait l'orient ; puis, après avoir offert des sacrifices à Dieu, ils donnèrent à Titus, avec de grands cris de joie, le titre d'*imperator*, titre d'honneur qu'on donnait aux généraux vainqueurs : Le butin qu'ils firent fut tellement considérable, que sa mise en circulation causa une baisse de moitié sur le prix de l'or en orient.

Parmi les sacrificateurs qui s'étaient retirés sur le mur du temple, se trouvait aussi un jeune enfant ; se sentant pressé d'une soif extrême, il supplia les gardes romaines de lui permettre d'aller boire. Ils eurent pitié de son âge et de sa souffrance, ils le lui permirent. Il descendit, et ayant bu autant qu'il le désirait, il remplit d'eau un vase qu'il avait apporté avec lui et s'en retourna vers les siens, mais en courant tellement vite, qu'aucun des soldats de ce corps-de-garde ne put l'atteindre. Ils lui reprochèrent sa pe..die : il leur répondit : « qu'ils l'accusaient à tort, attendu qu'il ne leur avait pas promis de rester avec eux, mais uniquement d'aller boire et puiser de l'eau au milieu d'eux, qu'il l'avait fait ponctuellement, et n'avait, par conséquent, pas manqué à sa parole. »

Cette réponse, si fort au-dessus de son âge, fit admirer

sa finesse par ceux-mêmes qu'il avait trompés. Les sacrificateurs avec lesquels il était se maintinrent pendant
cinq jours sur la muraille, jusqu'à ce qu'enfin la faim les
en fit descendre. On les mena vers Titus auquel ils demandèrent pardon ; mais ce prince leur répondit : « Le
temps de la clémence est passé, puisque ce pourquoi je
vous ferais grâce n'est plus : il est juste que les sacrificateurs périssent avec le temple. » Il dit et commanda
qu'on les conduisît au supplice ; ce qui fut fait incontinent.

Jean de Giscala et Simon, ces deux chefs des factieux
qui avaient fait peser une si cruelle oppression sur leurs
malheureux concitoyens, occupaient encore un quartier
de la ville ; mais ils étaient environnés de toutes parts et
bloqués par les troupes romaines : n'ayant plus d'espérance de pouvoir fuir, non plus que de résister, ils songèrent enfin à traiter. Ils demandèrent donc à parler à
Titus, ce qui leur fut accordé d'abord, tant parce que la
douceur et la bonté naturelles du César le portaient à
prêter les mains à tout ce qui pouvait empêcher la ruine
complète de la ville, que parce que ses conseillers les
plus intimes l'approuvèrent, dans l'espoir que les factieux,
devenus plus sages, éviteraient, en se rendant, une nouvelle effusion de sang. Il les reçut debout, hors du temple, du côté de l'occident, à l'endroit où se trouvait un
pont qui joignait la haute ville au temple. La longueur

ue ce pont séparait Titus et les factieux ; et il se trouva de part et d'autre une nombreuse escorte autour des chefs des deux partis.

Les Juifs, qui accompagnaient Simon et Jean de Giscala, laissaient percer sur leurs visages le trouble et l'anxiété qui agitaient leurs âmes, dans la crainte qu'ils avaient de ne pas obtenir le pardon qu'ils sollicitaient. Les Romains, au contraire, ne paraissaient préoccupés que du désir de savoir comment Titus recevrait les factieux. Ce prince, en signe de sa victoire, défendit aux siens de faire aucun acte d'hostilité, et leur commanda de contenir leur colère : puis il parla le premier par l'intermédiaire d'un truchement.

« N'êtes-vous pas las enfin, leur dit-il, de tous les maux qui sont venus fondre sur votre patrie ; vous qui, sans considérer nos forces et votre faiblesse, causez, par votre démense et vos fureurs aveugles, la destruction de votre peuple, de votre pays, de votre ville, de votre temple même, et qui êtes tous prêts à vous ensevelir sous ses ruines.

» Depuis que Pompée a pris d'assaut Jérusalem, vous avez passé d'une révolte à une autre, et vous en êtes enfin venus à déclarer aux Romains une guerre ouverte. Sur quoi avez-vous pu vous fonder pour espérer du succès dans une entreprise aussi hardie ? Est-ce sur votre nombre ? Mais une faible partie des armes romaines vous a résisté. Est-ce dans l'attente d'un secours étranger ? Mais quelle nation ne nous est pas soumise, et qui oserait prendre votre parti contre nous ? Est-ce sur la vigueur de vos corps ? Mais les Allemands nous obéissent. Est-ce sur la solidité de vos murailles ? Mais l'Océan, qui environne le pays des Bretons, l'Océan, le plus puissant des remparts, n'a pu les soustraire à nos armes. Est-ce sur le courage, sur la science et sur l'habileté de vos chefs ? Mais vous ne pouvez avoir oublié que nous avons vaincu les Carthaginois. Ce ne peut être pour aucun de ces motifs que vous vous êtes engagés dans une entreprise si téméraire : ce n'est donc qu'à la trop grande indulgence des Romains que l'on peut attribuer cet excès d'audace de votre part.

» Nous vous avons concédé les terres que vous pouvez posséder, nous vous avons donné, pour vous gouverner, des rois de votre nation, vous n'avez jamais été troublés par nous dans l'observation de vos lois, vous avez pu vivre en toute liberté, non-seulement dans vos relations entre vous, mais encore dans celles que vous avez voulu entretenir avec les autres nations ; nous avons permis que vous levassiez des contributions pour en consacrer le produit au culte de votre Dieu, et pour lui offrir des dons dans votre temple.

» Mais quoique comblés de tant de bienfaits, vous ne vous êtes pas fait de scrupule de vous lever contre nous

comme si nous ne vous avions permis d'amasser des trésors que pour que vous y trouvassiez des moyens de nous
faire la guerre. Plus ingrats et plus odieux que les plus
odieux des reptiles, vous couvrez de votre venin ceux qui
vous ont comblés de bienfaits. Vous avez cru pouvoir mé-
priser la mollesse de Néron, et, oubliant le repos dont vous
jouissiez, vous avez formé des rêves insensés et criminels. Néanmoins, en venant dans votre contrée, mon
père n'avait pas le dessein de vous punir de votre révolte
contre Cestius; ce qu'il voulait, au contraire, c'était de
vous ramener à la soumission par la douceur. Ce qui le
prouve évidemment, c'est que, s'il eût voulu détruire
votre nation, il aurait, avant tout, assiégé, pris et détruit
cette ville; mais il se contenta de ravager et de soumettre la Galilée et les provinces voisines, afin de vous laisser
le loisir de vous repentir. C'est cette bonté même, que
vous prîtes pour de la faiblesse, qui augmenta votre
audace.

» La nouvelle de la mort de Néron vous rendit encore
plus hardis et plus insolents; on vous suggéra l'espérance de profiter des troubles qui allaient agiter l'empire.
Lorsque mon père et moi quittâmes un moment cette
terre, pour passer en Egypte, vous vous empressâtes de
tirer parti de cette absence pour vous préparer à la guerre;
et, bien que vous eussiez eu mille preuves de notre douceur et de notre humanité dans le gouvernement de cette

province, vous n'eûtes pas honte de vous déclarer contre nous, lorsque mon père fut proclamé empereur et moi césar. Vous avez même fait plus ! car, lorsque, par le consentement unanime de tous les peuples, nous fûmes demeurés paisibles possesseurs de la dignité impériale, au sein de ce calme heureux, quand tous les autres peuples nous envoyèrent des ambassadeurs pour nous témoigner leur bonheur et leur joie, vous seuls continuâtes à vous déclarer nos ennemis. Vos envoyés allèrent jusqu'à l'Euphrate, pour en ramener des secours et des soutiens dans votre révolte ; vous élevâtes de nouvelles fortifications ; vous formâtes de nouvelles factions ; ceux qui vous dirigeaient et vous tyrannisaient se divisèrent et en vinrent même à la guerre civile, pour savoir qui vous gouvernerait. Qu'avez vous omis de ce que les plus coupables de tous les hommes peuvent entreprendre et exécuter. Lorsque, pour châtier enfin une nation aussi ingrate et aussi coupable, mon père m'envoya avec la mission d'assiéger cette ville, et avec des ordres qu'il ne put me donner sans douleur, j'appris avec joie que le peuple désirait la paix ; et, avant d'employer la force, je vous exhortai à quitter les armes. Quoique je n'aie pu y réussir, je ne vous en ai pas moin longtemps épargnés : j'ai promis sûreté à ceux qui se retireraient vers moi, et j'ai été fidèle à ma promesse ; j'ai pardonné à plusieurs prisonniers, et n'ai puni que ceux qui poussaient les autres à la guerre.

6

J'ai attendu jusqu'à la dernière extrémité pour me servir de mes machines; j'ai modéré l'ardeur de mes soldats pour sauver la vie à plusieurs d'entre vous; après chaque avantage que je remportais, je vous exhortais à mettre un terme à la guerre, agissant ainsi, quoique victorieux, comme si j'avais été vaincu. Lorsque je fus ainsi arrivé au pied du temple, usant du droit de la guerre, j'aurais pu le ruiner; mais, au lieu de le faire, je vous conjurai de le conserver, et vous offris même de vous permettre d'en sortir pour combattre sur un autre terrain, si vous aviez tant d'amour pour la guerre. Mais vous avez méprisé toutes ces grâces, vous-mêmes avez mis le feu au temple, et vous voulez maintenant parler de capitulation, comme s'il était encore en votre pouvoir de conserver ce que, dans votre impiété, vous n'avez pas craint de détruire; comme si la ruine du temple ne vous rendait pas indignes de tout pardon. Et, dans une telle extrémité, quand il ne devrait plus y avoir pour vous d'autre position que celle de suppliants, vous osez vous présenter en armes devant moi!

» Sur quoi vous fondez-vous donc, misérables, pour être encore aujourd'hui aussi audacieux? La guerre, la famine et votre horrible tyrannie, ont dévoré tout votre peuple; le temple n'existe plus; la ville est en mon pouvoir, aussi bien que votre vie; et vous vous imaginez encore qu'il dépend de vous de la terminer par une mort honorable ! Mais pourquoi m'abaisser à entendre une telle démence ?

» Mettez bas les armes, livrez-vous à ma discrétion, je vous fais grâce de la vie, et, pour le reste je me réserve d'en user envers vous comme un bon maître, qui ne punit qu'à regret les crimes mêmes les plus irrémissibles.

Les factieux répondirent qu'ils ne pouvaient se rendre à lui à ces conditions et malgré la garantie qu'il leur offrait, parce qu'ils s'étaient engagés par serment à ne jamais se rendre ; mais qu'ils lui demandaient la permission de se retirer, avec leurs femmes et leurs enfants, dans le désert: qu'à cette condition ils lui abandonnaient la ville.

Titus ne put entendre sans indignation des gens livrés à sa merci, ayant la hardiesse de lui proposer des conditions, comme s'ils eussent été victorieux. Il leur fit déclarer par un hérault, que lors même que désormais ils voudraient se rendre à discrétion, il ne les recevrait plus, qu'il ne ferait grâce à aucun d'eux, et qu'ils n'avaient qu'à bien se défendre pour se sauver, s'ils pouvaient, attendu qu'ils seraient, à l'avenir, traités avec la dernière rigueur.

Il permit ensuite à ses soldats de piller la ville, puis d'y mettre le feu. Ils n'usèrent point ce jour-là même de cette dernière faculté; mais, le lendemain, ils mirent le feu aux archives, au palais d'Acra, à celui où l'on rendait la justice et au quartier nommé Ophia. L'incendie gagna jusqu'au palais de la reine Hélène, au milieu de la montagne d'Acra, et consuma en même temps que les maisons les cadavres dont, aussi bien que les rues, elles étaient encombrées.

En ce même jour, les fils et les frères d'Isate, roi d'une partie de cette contrée, et, avec plusieurs Juifs de distinction, supplièrent Titus de leur permettre de se rendre à lui, quelque irrité qu'il fût; sa bonté l'emporta, et il acquiesça à leur prière. Il les fit tous mettre sous bonne garde, les destinant à être menés à Rome, et à y être retenus comme otages.

Les factieux se retirèrent dans le palais, où plusieurs avaient porté leurs biens pour les y mettre en sûreté. Ils en chassèrent les Romains, et, y étant entrés, tuèrent huit mille quatre cents hommes du peuple qui y avaient cherché un asile, pillèrent tout ce qu'ils y trouvèrent, et y firent prisonniers deux soldats romains, un cavalier et un fantassin. Ils tuèrent celui-ci, et, pour se venger des Romains, traînèrent son corps par toute la ville. Le cavalier leur ayant dit qu'il avait un avis important à leur donner, ils le menèrent vers Simon. Mais, quand il fut en présence de ce chef, il se trouva qu'il n'avait rien à lui dire : on le condamna donc à mort, et, après lui avoir bandé les yeux et lié les mains derrière le dos, on le conduisit en présence des Romains, pour lui trancher la tête. Déjà l'exécuteur avait tiré l'épée pour le mettre à mort, quand, par un bonheur inouï, il parvint à s'échapper. De retour vers les siens, il n'avait pas échappé à tout danger : en effet, en se laissant prendre vif, il avait mérité la mort ; cependant Titus lui fit grâce, et se contenta de le faire désarmer et de le casser ; ce qui, pour un homme de cœur, est un affront plus insupportable que la mort elle-même.

Le lendemain, les Romains chassèrent les factieux de la ville basse, y mirent le feu et la brûlèrent toute entière, jusqu'à la fontaine Siloé. Ils prenaient plaisir à contempler l'incendie, mais n'avaient rien à piller, parce que les factieux, en se retirant dans la haute ville, avaient tout emporté. Bien loin de se repentir de tant de maux dont ils avaient été la cause, ils n'étaient pas moins insolents dans l'extrémité où ils étaient plongés, qu'ils eussent pu l'être dans la plus grande prospérité. Ils attendaient la mort avec impatience et joie, maintenant que le temple étant détruit, le peuple exterminé par la famine ou par le fer, consumé par les flammes, il ne restait plus rien dont leurs ennemis pussent jouir après la victoire.

Dans ces circonstances. Josèphe n'épargna rien pour sauver les tristes restes de cette misérable ville. Il s'efforça de nouveau d'inspirer à ces factieux de l'horreur pour leurs crimes et leurs sacrilèges ; mais ils ne firent que se moquer de ses paroles. Ils ne voulaient en aucune

6

façon entendre parler de se rendre aux Romains, parce qu'ils s'étaient engagés à ne le faire jamais.

Environnés de toutes parts et ne pouvant plus en venir aux mains avec les ennemis, ils ne rêvaient que meurtre et carnage. Ils se répandaient par la ville et se cachaient derrière les ruines pour surprendre ceux qui voulaient s'enfuir. Ils les tuaient ainsi d'autant plus facilement, que ces malheureux étaient si faibles qu'ils pouvaient à peine se traîner ; la mort étaient d'ailleurs un bienfait pour ces infortunés en proie aux tortures de la faim. En se sauvant même, ils n'espéraient point de miséricorde de la part des Romains ; ils ne fuyaient cependant et ne s'en expo- saient pas moins à la fureur des factieux, tigres altérés de leur sang. Il n'y avait pas une place dans toute la ville qui ne fût couverte de cadavres, et qui ne fît voir jusqu'à quel excès la famine et la rage des factieux avaient porté la misère effroyable du pauvre peuple.

Le seule espérance, la dernière ressource qui restât à ces méchants, qui avaient appesanti sur leurs concitoyens le joug d'une si horrible tyrannie, c'était de pouvoir se cacher dans quelque égoût, jusqu'à ce que les Romains se fussent retirés après la ruine entière de cette ville, et d'en sortir alors sans rien craindre. Dans cette réso- lation qui n'était qu'un rêve, puisqu'ils ne pouvaient échapper à la vigilance des Romains et encore moins à la justice divine, ils propageaient l'incendie avec plus d'ar-

leur que les Romains eux-mêmes, massacrant et dépouill-
ant ceux qui, pour éviter d'être brûlés se réfugiaient
dans des lieux souterrains.

La faim cependant les tourmentait au point qu'ils
dévoraient tout ce qu'ils trouvaient propre à être mangé,
lors même que ces tristes aliments étaient souillés de
sang ; et nul doute que si le siége se fût prolongé davantage, ils ne se fussent repus de la chair de leurs victimes ;
en attendant, ils s'entr'égorgeaient à propos de la moindre contestation qui s'élevait entre eux dans le partage
du butin.

Titus commença l'attaque de la ville haute, le 20 du
mois d'août ; il fit élever des cavaliers, pour parvenir aux
pieds des murailles, que l'avantage de la position de
cette partie des fortifications rendait inaccessibles. Ces
travaux étaient d'autant plus difficiles et plus pénibles
que tout le bois qui se trouvait à cent stades autour de la
ville avait été coupé et employé à la confection des ouvrages précédents. Les différents corps se partagèrent entre
les différents points de la ville que l'on devait attaquer
à la fois ; les légions furent chargées d'attaquer le côté
de la ville qui regardait l'occident, et les troupes auxiliaires les autres côtés, et principalement la galerie qui
étaient auprès du pont et du fort que Simon avait fait construire, lorsqu'il faisait la guerre à Jean de Giscala.

Cependant les chefs des Iduméens s'assemblèrent à

l'insu des factieux, et, après avoir tenu conseil, résolurent de traiter avec Titus. Ils envoyèrent donc une députation vers lui pour le prier de les recevoir. Quoique ce
prince trouvât qu'ils avaient bien tardé à recourir à sa
clémence, il n'en fit pas moins une réponse favorable
leurs envoyés, et leur promit le pardon : il espérait, en
favorisant par son indulgence cette désertion d'une partie
des forces des factieux décourager les autres, et déter-
miner enfin Simon et Jean de Giscala à céder, en les
privant de leurs meilleures troupes. Les Iduméens se
préparaient déjà tous à s'en aller, lorsque Simon eut vent
de ce projet ; il fit mourir sur-le-champ ceux qu'ils avaient
envoyés en députation, et mettre en prison leurs principaux chefs. Quoiqu'il ne fût guère vraisemblable que ces
hommes n'ayant plus personne à leur tête pour les diri-
ger, fussent encore en état de rien entreprendre, il ne
laissa pas de les faire soigneusement observer. Il ne put
néanmoins les empêcher de s'enfuir, et bien qu'il en fît
mettre à mort un certain nombre, la plus grande partie
d'entre eux s'échappa. Ils reçurent fort bon accueil des
Romains, d'abord parceque l'extrême bonté de Titus l'empêchait de faire exécuter rigoureusement et à la lettre
les ordres sévères qu'il avait donnés, après l'incendie du
temple, sur la conduite à tenir désormais à l'égard des
transfuges ; et ensuite parce que les soldats, las de tuer,
en songeaient plus qu'à s'enrichir. Ils vendaient le menu

peuple, triste débris échappé à tant de malheurs ; mais ils n'en tiraient qu'un faible bénéfice ; car, bien qu'il y en eût une énorme quantité, tant en hommes qu'en femmes et en enfants, il n'y avait que fort peu d'acheteurs. Titus avait fait publier que nul ne se sauvât de la ville sans amener sa famille : mais il ne fit pas non plus observer rigoureusement cette prescription, et n'en reçut pas moins ceux qui venaient seuls. Après avoir fait mettre à part ceux qu'il destinait au supplice, il permit à plus de quarante mille de ces transfuges de se retirer où ils voudraient : le reste formant une innombrable multitude, fut vendu.

Un sacrificateur auquel Titus avait promis de lui faire grâce de la vie s'il lui livrait quelque partie des trésors du temple, vint lui remettre deux chandeliers, des tables, des coupes et plusieurs vases, le tout d'or massif et fort pesant ; il apporta aussi des habits sacerdotaux, des pierres précieuses, et plusieurs vaisseaux destinés à servir dans les sacrifices.

Le même jour, Phinée, garde du trésor, tomba entre les mains des Romains ; mais, quoiqu'il eût été pris de force, il n'en fut pas moins traité comme s'il avait été pris volontairement, parce qu'il découvrait un lieu où se trouvait cachés des objets précieux : des vêtements, des ceintures de sacrificateurs, de la pourpre et de l'écarlate ; de la canelle, de le casse et d'autres matières

odoriférantes qui devaient entrer dans la composition
des parfums que l'on brûlait sur l'autel des encensements ;
il livra en outre plusieurs objets de grands prix, tant en
présents offerts à Dieu qu'en ornements du temple.

Les cavaliers furent achevés le sept de septembre, et
les romains s'empressèrent d'y mettre en batterie leurs
machines. Dès-lors les factieux virent s'évanouir leur
dernière espérance de pouvoir plus long-temps défendre
la ville ; les uns abandonnèrent aussitôt la ville et se retirèrent sur la montagne d'Area ; les autres, plus déterminés, voulurent encore tenter de s'opposer à ceux qui
faisaient avancer les béliers ; mais affaiblis et écrasés
sous le poids de tant de maux, ils ne pouvaient plus opposer une résistance sérieuse aux Romains, qui, non-seulement étaient plus nombreux, mais avaient encore cette
force morale que donne la victoire et le sentiment de
supériorité. Les béliers eurent bientôt fait tomber un pan
de mur, et ébranlé plusieurs tours ; ceux qui les occupaient les abandonnèrent. Quant à Jean de Giscala et à
Simon, saisis d'épouvante et se figurant le mal encore
plus grand qu'il ne l'était en réalité, ils ne pensèrent plus
qu'à s'enfuir avant que les Romains fussent parvenus à
ce mur. L'orgueil insensé des hommes fit place tout-à-
coup à une telle consternation que, quelque scélérats qu'ils
fussent d'ailleurs, il était difficile de ne pas se laisser
émouvoir par le spectacle d'un si étrange changement.

Pour se sauver, ils résolurent d'attaquer le mur de circonvallation que les Romains avaient élevé tout autour de la ville ; mais ils se virent abandonnés de ceux qui jusqu'alors leur avaient été les plus fidèles : chacun s'enfuit où il put, et, la peur leur troublant le jugement, leur faisait voir des choses qui n'étaient point : chacun admettait ou répandait les bruits les plus alarmants : les uns venaient dire que tout le mur occidental avait été renversé ; le autres, que les Romains étaient déjà entrés dans la ville et les poursuivaient ; d'autres enfin, qu'ils étaient déjà maîtres des tours. Tous ces faux rapoprts ne contribuaient pas peu à augmenter leur trouble et leur étonnement ; aussi, se jetant le visage contre terre, se reprochaient-ils leur démence ; ou, comme s'ils avaient été frappés de la foudre, demeuraient-ils immobiles, sans savoir quel parti prendre.

Dans cette circonstance, plus peut-être que dans toute autre, la puissance de Dieu d'une part, et de l'autre, [a bonne fortune des Romains, se manifestèrent avec évidence par leurs effets : car le trouble des factieux et le découragement les portèrent à une résolution insensée, qui les priva du plus grand avantage qui leur restait encore : ils abandonnèrent des positions où ils n'avaient d'autre ennemi que la famine, les tours d'Hippicos, de Phazaël et de Marianne, dont on a pu voir la description plus haut, et qui étaient assez fortes pour n'avoir rien à

craindre des Romains, lors même qu'ils les eussent atta-
quées avec toutes leurs machines. Ceux-ci furent assez
heureux pour pouvoir s'en emparer sans coup-férir.

Après donc que Simon et Jean de Giscala les eurent
abandonnées, ou pour mieux dire après que Dieu les
en eût chassés, ils s'enfuirent vers la vallée de Siloé, où
après avoir repris haleine et être un peu revenus de leur
frayeur, ils attaquèrent le mur de circonvallation. Mais
ils étaient épuisés par tout ce qu'ils avaient souffert, la
fatigue, la faim, les veilles et les inquiétudes. Aussi n'at-
taquèrent-ils que mollement les Romains et en furent-
ils facilement repoussés.

Ils se dispersèrent alors et s'en allèrent les uns d'un
côté, les autres de l'autre. Cependant les Romains, se
voyant maîtres de ces dispositions inexpugnables, y
plantèrent leurs aigles avec joie, goûtant un peu de
repos avec un bonheur inexprimable, après les énormes
travaux qu'ils avaient eu à supporter dans cette guerre
dont ils entrevoyaient enfin le terme. Ils avaient même
peine à croire, quand ils se trouvèrent en possession de
ce dernier mur, qu'il n'y en avait plus quelque autre à
forcer, et qu'ils étaient entièrement maîtres de toutes les
parties de la ville. Ils s'y répandirent, tuant sans distinction tous ceux qu'ils rencontraient, et brûlant les maisons avec ceux qui s'y étaient retirés. Ils n'y entraient
guère d'ailleurs, et ceux qui se hasardaient à le faire,

pour rechercher quelque butin, les trouvant pleines des cadavres de familles entières que la famine y avait fait périr, s'empressaient d'en sortir, quoiqu'ils eussent les mains vides, frappés d'horreur à la vue d'un tel spectacle. Mais ce sentiment de compassion qu'ils éprouvaient pour les morts ne les rendait pas plus humains envers les vivants : ils mettaient impitoyablement à mort tous ceux qui leur tombaient sous la main; les monceaux de cadavres encombraient les rues et les rendaient impraticables ; et le sang, qui coulait à grands flots, luttait avec l'incendie, et seul, il en arrêtait les progrès, ou, au moins, les ralentissait. Le meurtre cessait à la nuit tombante, et alors l'embrasement reprenait le dessus et s'étendait sans obstacle.

Ce fut le 8 décembre (70 ans après Jésus-Christ), que Jérusalem périt ainsi dans les flammes, après avoir souffert, durant le siége, des calamités que l'on ne peut comparer qu'au bonheur et à la splendeur dont elle avait joui depuis sa fondation, et qui l'avait rendue digne d'envie. Mais parmi toutes les misères qui accablèrent cette ville infortunée, la plus grande fut sans doute celle d'avoir produit cette race de vipères qui déchirèrent le sein de leur mère et furent la cause de sa ruine.

Titus entra dans la ville et la parcourut : il en admira surtout les fortifications, et ne put voir sans étonnement ces tours si fortes et si belles, que les Séditieux avaient eu

la folie d'abandonner. Après en avoir considéré attenti-
vement la hauteur et la largeur, les pierres énormes
avec lesquelles elles avaient été construites, et l'art admirable avec lequel ces pierres étaient jointes l'une à
l'autre, il s'écria : « Je ne puis douter que Dieu n'ait
combattu pour nous et n'ait lui-même chassé les Juifs
de ces tours ; car il n'y a point de forces humaines ni de
machines qui eussent pu les y forcer. » Il entretint encore quelque temps ses amis sur le même sujet, et, étant
entré dans les tours, il mit en liberté ceux que les tyrans
y retenaient prisonniers et qu'ils y avaient abandonnés.
Ce grand prince fit ruiner tout le reste, et ne conserva
d'intact que ces superbes tours, afin qu'elles fussent,
pour la postérité, un monument du bonheur avec lequel
il s'en était rendu maître, et sans lequel il n'aurait pu le
faire.

Malgré tout le carnage qu'on avait fait, il restait encore
une grande multitude de peuple : les soldats s'étant
d'ailleurs rassasiés de pillage et de meurtre, le César fit
publier l'ordre d'épargner ceux qui étaient sans armes et
de ne passer au fil de l'épée que ceux qui se mettaient en
défense. Les soldats n'en tuèrent pas moins les vieillards
et les débiles, et ne laissèrent la vie qu'à ceux qui paraissaient vigoureux et propres à l'esclavage : ils se renfermèrent dans la partie du temple qui était réservée aux
femmes. Titus les confia à Fronton, l'un de ses affranchis,

auquel il avait une grande confiance, et lui donna plein pouvoir de disposer de chacun d'eux selon qu'il le jugerait à propos. Fronton fit mettre à mort les voleurs et les séditieux, qui, dans leur désespoir, s'accusèrent les uns les autres : les plus jeunes, les plus robustes et ceux qui avaient le plus d'apparence furent réservés pour le triomphe ; ceux qui avaient plus de dix-sept ans furent envoyés en Egypte, pour travailler aux ouvrages publics, ou distribués en grand nombre par les provinces, pour servir dans les spectacles en qualité de gladiateurs, ou pour combattre contre les bêtes ; ceux enfin qui étaient âgés de moins de dix-sept ans furent vendus.

Tandis que l'on disposait ainsi de ces infortunés, onze mille d'entre eux moururent : les uns, parce que leurs gardiens, dans l'excès de leur haine, ne leur donnaient point à manger ; les autres, parce que, dégoûtés de la vie, ils refusaient les aliments ; d'autres enfin, parce qu'on ne trouvait que difficilement de quoi nourrir une si grande multitude.

Le nombre de ceux qui furent faits prisonniers durant cette guerre, monta jusqu'à quatre-vingt-dix-sept mille ; le siége seul de Jérusalem coûta la vie à onze cent mille hommes, dont la plupart, bien qu'ils fussent Juifs, n'étaient pas nés et n'habitaient pas dans la Judée, mais y étaient accourus de toutes les provinces pour solenniser la fête de Pâques, et s'étaient trouvés ainsi enveloppés

7.

dans cette horrible guerre, et assiégés dans Jérusalem.
Les logements leur manquèrent dans la ville ; ils furent,
en conséquence, réduits pour la plupart à camper dans
les rues et sur les places publiques ; aussi la peste se
mit-elle parmi eux, et fut bientôt suivie de la famine.

Cette affluence extraordinaire de peuple peut paraître
presque incroyable ; peut-être aura-t-on quelque peine
à croire qu'elle fût telle qu'une ville si grande n'eût pu y
suffire ; mais tous les doutes seront dissipés, quand on
connaîtra le fait suivant : Le gouverneur Cestius, sachant
le mépris profond que Néron affectait de professer pour
les Juifs, pour rectifier l'opinion de ce prince à cet
égard, résolut de lui faire connaître les forces dont ils
pouvaient disposer. Il ordonna donc aux sacrificateurs
de faire le dénombrement du peuple. Ils choisirent pour
cela le temps de la fête de Pâques : de neuf heures à onze
heures, on ne cessait de présenter aux sacrificateurs des
victimes qu'ils immolaient, et dont on mangeait ensuite
la chair en famille. D'après la loi, ces réunions par famille ne pouvaient être moindre de dix personnes, et
quelques-unes d'entre elles comptaient jusqu'à vingt
convives ; or, il se trouva qu'il y avait eu deux cent cin-
quante-cinq mille six cents victimes présentées aux sacrificateurs et immolées par eux ; ce qui, en comptant
seulement dix personnes par victime, donnerait un total
de deux millions cinq cent cinquante-six mille personnes

assistant à la fête, et s'y étant purifiées et sanctifiées. À cela il faut ajouter toutes les personnes qui, bien qu'elles fussent venues à cette solennité par dévotion, n'étaient pas admises à offrir des sacrifices, soit parce qu'elles n'étaient pas juives, soit parce qu'elles étaient affligées de quelqu'une des infirmités que la loi déclarait rendre impurs ceux qui en étaient atteints. Titus ayant commencé le siége au temps de Pâques, ce fut cette innombrable multitude d'hommes, la nation juive presque entière, accourue de toutes parts pour célébrer la fête, qui se trouva enfermée dans Jérusalem, et prise comme dans le filet d'un pêcheur.

Certes, jamais aucun événement humain, non plus qu'aucun fléau envoyé de Dieu, ne causa une telle destruction d'hommes : jamais le fer, le feu, la peste et la famine se réunissant, ne firent de tels ravages.

Les soldats romains fouillèrent jusque dans les égoûts et dans les sépulcres pour tuer tout ce qu'ils y trouvèrent qui respirât encore ; ils y découvrirent entre autres les corps de deux mille personnes qui, s'étant réfugiées dans ces lieux, s'y étaient ou tuées de leur propre main, ou entretuées, ou qui y avaient péri par la famine. La puanteur qui s'exhalait de ces horribles retraites était telle, que plusieurs soldats ne purent la supporter, et refusèrent d'y pénétrer. Il s'en présenta néanmoins d'autres qui, sachant que bien des trésors y étaient enfouis,

ne craignirent point de s'y engager, et de fouler aux
pieds les morts pour satisfaire leur soif insatiable de
richesses. Ils en retirèrent plusieurs infortunés, que Simon et Jean de Giscala y avaient fait jeter tout enchaî-
nés ; car la cruauté de ces tyrans ne s'étaient en rien
ralentie au milieu des calamités qui, de jour en jour
plus intenses, étaient venues fondre sur Jérusalem. Mais Dieu leur avait réservé le sort qu'ils méritaient.

Jean, qui s'était caché dans un égoût avec quelques-
uns des siens, se trouva tellement pressé par la faim,
que, ne pouvant plus résister à ses angoisses, il implora
la pitié de ces mêmes Romains qu'il avait tant de fois
insultés. Ils lui firent grâce de la vie, parce qu'ils voulaient le réserver pour le triomphe; puis ils le condam-
nèrent à une prison perpétuelle.

Après que l'incendie eut détruit tout ce qui restait
encore dans la ville, les Romains en abattirent les murailles. Jérusalem fut prise ainsi, et périt le 8 septembre,
la seconde année du règne de Vespasien. Elle avait déjà
été prise précédemment cinq fois ; d'abord par Azohéus,
roi d'Egypte, puis par Nabuchodonosor, roi d'Assyrie,
qui la ruina, quatorze cent soixante-huit ans après sa
fondation; une troisième fois par Antiochus Epiphane,
roi de Syrie; une quatrième, par Pompée, et enfin par
Hérode, aidé de Sosius ; les Romains la prirent pour la

sixième fois, et c'est par leurs mains qu'elle se vit détruire pour la seconde fois.

Elle eut pour fondateur Melchisédech, prince des Chananéens, et surnommé le Juste à cause de sa piété. Ce
fut lui qui consacra le premier cette ville à Dieu, en lui
bâtissant un temple sur cet emplacement, et en chan-
geant son ancien nom de Solime en celui de Jérusalem.
David, roi des Juifs, vainqueur des Chananéens, s'y établit avec son peuple, quatre cent soixante-dix-sept ans et
six mois avant que le roi de Babylone ne vînt l'assiéger,
la prendre et la détruire.

Onze cent soixante-dix-neuf ans s'écoulèrent entre le
règne de David et le temps où Titus la prit et la ruina ;
deux mille cent soixante-dix-sept ans, depuis l'époque
de sa fondation.

Rien n'a donc manqué à cette ville, et rien aussi n'a
pu la préserver de la destruction : ni son antiquité, ni
son opulence, ni sa réputation répandue en tous lieux,
ni la gloire que lui avait value la sainteté de sa religion.

Quand la colère des soldats romains ne trouva plus
rien sur quoi elle pût s'exercer, quand il n'y eut plus rien
à piller ni à tuer, le César ordonna que la ville entière
fût ruinée jusque dans ses fondements, à l'exception du
pan de mur qui regardait l'occident, parce qu'il avait résolu de faire une citadelle de ce côté ; et à l'exception

aussi des tours de Phazaël, d'Hyppicos et de Marianne, parce que, admirant l'art et la magnificence qui y éclataient, il voulait conserver, comme des monuments qui feraient voir à la postérité quelles étaient la valeur et la science militaire de ceux qui avaient pu s'emparer, de vive force, d'une ville défendue par de tels ouvrages. Cet ordre de Titus fut exécuté à la lettre ; et bientôt on ne put plus même soupçonner, en voyant l'emplacement de Jérusalem, qu'il y eut eu jamais des habitants.

Telle fut la fin tragique de cette ville ; fin dont on ne peut imputer en ce lieu la responsabilité qu'à la démence furieuse de ces hommes qui allumèrent à la fois dans la patrie le feu de la guerre civile et celui de la guerre étrangère.

Titus, voulant laisser une garnison dans ce qui restait debout des anciennes fortifications de Jérusalem, choisit pour ce service la dixième légion, avec un corps de cavalerie, et un corps de fantassins auxiliaires. Mais, avant de quitter le théâtre de tant de combats, il crut devoir donner à son armée des louanges qu'elle avait méritées en se comportant si courageusement dans tout le cours de cette guerre, et récompenser ceux qui s'étaient le plus signalés. Il fit dresser à cet effet, au milieu du camp, un vaste tribunal, sur lequel il monta avec ses principaux officiers ; le reste de l'armée se concentra tout autour, et quand tous furent à portée de l'entendre, il prit la parole. Il leur dit qu'il était profondément touché de l'affection, du dévouement, de l'obéissance et du courage dont ils lui avaient donné tant de preuves, au milieu des dangers de cette guerre ; qu'ils avaient étendu les frontières de l'empire, et fait voir à tout l'univers que ni le nombre des ennemis, ni l'avantage d'une position fortifiée par la nature et par l'art, ni la grandeur des villes, ni le courage de ceux qui les défendaient, ni même quelques revers éphémères et dus à un concours de circonstances heureuses pour l'ennemi, ne pouvaient arrêter l'effort des armes romaines. Il dit encore qu'on ne pouvait rien ajouter à la gloire qu'ils avaient acquise, en terminant une guerre commencée depuis plusieurs années ; non plus qu'à l'honneur qu'ils avaient eu de voir que tout le monde avait non-seulement approuvé, mais accueilli avec reconnaissance le choix qu'ils avaient fait de son père et de lui pour les élever à la dignité impériale, et enfin que, bien que tous eussent mérité des éloges, il désirait distinguer par des faveurs et des honneurs particuliers ceux qui s'étaient le plus signalés, afin que l'on sût que, s'il punissait parfois les fautes, ce n'était que bien à regret, et qu'il avait, au contraire, un plaisir infini à récompenser le mérite de ceux qui avaient été les compagnons de ses travaux.

Après leur avoir donné à tous en général ces louanges,

7..

Il ordonna aux officiers de proclamer ceux qui s'étaient
le plus distingués. Il les appela ensuite tous, chacun par
son nom, ce qui était un honneur, les loua, les assura
qu'il n'était pas moins touché et fier de leur gloire que
la sienne propre, et termina, en leur mettant des cou-
ronnes d'or sur la tête, des chaînes d'or au cou, en leur
donnant des javelots d'honneur à pointe d'or, des médail-
les d'argent, des sommes d'or et d'argent monnayés, de
riches vêtements, ainsi qu'une foule de choses précieuses qui faisaient partie du butin : tous ceux qui avaient
été appelés et désignés comme s'étant le plus signalés,
reçurent ainsi et emportèrent avec joie des marques de
sa magnificence. Lorsque tous eurent été récompensés
selon leur mérite, il descendit de son tribunal, aux acclamations unanimes de tous ses soldats, et, accompagné
des vœux qu'ils faisaient pour sa prospérité, il alla offrir
des sacrifices et actions de grâces pour sa victoire. On
immola un grand nombre de bœufs dont la chair fut dis-
tribuée aux soldats ; pendant trois jours, les principaux
officiers de l'armée furent conviés à des festins par le
César, et eurent l'honneur de manger à sa table.

Il distribua ensuite ses troupes et les envoya aux différents quartiers qui leur étaient assignés : nous avons
vu qu'il laissa la dixième légion, avec quelques troupes
de cavalerie et d'infanterie auxiliaire, en garnison à Jérusalem ; la douzième, qui était autrefois en garnison

en Palestine, mais qui s'était laissée battre par les Juifs, du temps de Cestius, fut, en punition de cette faute, envoyée le long de l'Euphrate, dans les quartiers qu'occupait autrefois la dixième; il prit avec lui les deux autres, la cinquième et la quinzième, et partit pour Césarée, où il laissa provisoirement ses prisonniers et tout le butin, qui était immense. Pendant son séjour dans cette ville, il donna des spectacles au peuple; il en coûta la vie à plusieurs Juifs, dont les uns furent employés à combattre contre les bêtes; et les autres, à se battre les uns contre les autres, par grandes troupes, comme dans une guerre véritable.

Ce fut vers ce temps que Simon, l'un des deux chefs des factieux, fut pris enfin. Repoussé de la ville haute, il profita du moment où il vit les Romains occupés exclusivement du pillage, assembla les plus fidèles de ses amis, et se munissant d'instruments de maçonnerie et de vivres pour plusieurs jours, il pénétra avec eux dans un égout connu de peu de personnes. Ils s'y enfoncèrent et se mirent en devoir de le parcourir; tandis qu'ils ne rencontraient aucun obstacle, ils avançaient assez rapidement; s'en présentait-il un, ils se servaient, pour s'ouvrir un chemin, des instruments dont ils s'étaient munis. Ils se flattaient de trouver enfin, par ce moyen, une ouverture par où ils pourraient s'échapper. Mais ils furent trompés dans leur attente; car leur travail

marchait lentement, et ils avaient fait à peine ... moitié
du trajet, quand les vivres leur manquèrent, quoiqu'ils
eussent été bien loin de les prodiguer. Il fallut donc
qu'ils retournassent sur leur pas. Pour tromper les Romains et n'en être pas reconnu, Simon se déguisa en se
couvrant d'un vêtement blanc, sur lequel il mit un man-
teau de pourpre, avec une agrafe, et se dirigea, dans ce
costume, vers le lieu où avait été le temple. La garde
romaine, surprise à la vue de cet homme, et ne le reconnaissant pas, lui demanda qui il était; mais, au lieu
de répondre à ces soldats, il les pria de faire venir leur
officier : celui-ci, qui se nommait Térentius Rufus, vient
aussitôt, et ayant appris de la bouche même de ce misérable quel était celui qui se livrait à lui, il le fit en-
chaîner et mettre en sûre garde, et donna immédiate-
ment avis à Titus de cette importante capture.

De Césarée, Tytus se rendit à Béryte, ville de Phé-
nicie et colonie des Romains. Il y demeura quelque
temps, ce qui le mena jusqu'à l'époque du jour annivér-
saire de la naissance de son père, qu'il célébra avec
plus de magnificence encore qu'il n'avait fait à celui de
la naissance de son frère, mais également au détriment
des prisonniers juifs qui, au milieu de toutes ces réjouis-
sances publiques, victimes dévouées aux supplices et à
la mort, eurent à recueillir encore une ample moisson
de douleur.

Les Juifs de la Judée n'étaient pas les seuls qui dus-
sent à souffrir : ceux d'Antioche recevaient le contre-
coup de la guerre que soutenaient si opiniâtrement leurs
frères. Toute la ville se souleva contre eux ; on les accusa des crimes les plus odieux. Par suite du voisinage
de la Syrie et de la Palestine, un grand nombre de Juifs
s'étaient établis dans la première de ces provinces, particulièrement à Antioche, tant à cause de la grandeur de
cette ville, que parce que les successeurs du roi Antiochus l'Illustre, qui saccagea Jérusalem et pilla le temple, leur avaient concédé la faculté de s'y fixer, en y
jouissant des mêmes droits que les Grecs ; ils avaient
même poussé leurs faveurs jusqu'à enrichir la synagogue de cette ville, en lui faisant don de tous les vases de
cuivre qui avaient été offerts à Dieu dans le temple de
Jérusalem, et qui en avaient été enlevés lors du pillage.

Cette colonie juive jouit paisiblement de ces droits et
de ces priviléges sous le règne de ce prince et sous celui de ses successeurs ; elle devint très-florissante, très-
nombreuse, et, grâce à cette prospérité, enrichit extrêmement et orna sa synagogue, en même temps qu'elle
attirait à sa religion et y convertissait un grand nombre
d'idolâtres.

Au moment où la guerre commença et où Vespasien
vint par mer en Syrie, ils y étaient fort haïs : il advint
que l'un d'eux, nommé Antiochus, appartenant à la fa-

mille la plus considérable et la plus riche d'Antioche, accusa, en présence de tout le peuple assemblé au théâtre, son propre père et plusieurs de ses coréligionnaires d'avoir conçu le projet de brûler la ville durant la nuit; il précisa même davantage son accusation, et nomma, en outre, plusieurs Juifs étrangers à la ville, en assurant qu'ils étaient ses complices dans cette conspiration.

Il en résulta une émeute terrible, dans laquelle le peuple brûla ces malheureux au milieu du théâtre: on parla même d'exterminer incontinent tous les Juifs de la ville, tant on se représentait le danger comme imminent. Cependant Antiochus n'oubliait rien pour animer encore davantage la multitude; il déclara qu'il abjurait sa religion, et, pour qu'on ne pût en douter, non plus que l'horreur qu'il prétendait éprouver pour les mœurs des Juifs, il ne se contenta pas d'offrir des sacrifices selon le rite des païens, il voulut encore que l'on y contraignît les autres, et que l'on considérât comme coupables ceux qui refuseraient de le faire. Le peuple embrassa avidement cette proposition : quelques Juifs eurent la faiblesse de céder; quant à ceux qui demeurèrent fermes dans la foi de leurs pères, ils furent tous tués.

Mais Antiochus ne s'arrêta pas encore dans l'horrible voie dans laquelle il s'était engagé; assisté de quelques soldats que lui donnait celui qui gouvernait cette pro-

vince pour les Romains, il fit tout ce qu'il put pour empêcher ceux qui avaient été autrefois ses frères, de célébrer le repos du septième jour, pour les contraindre à
travailler; ces violences furent telles, qu'en peu de
temps le septième jour cessa d'être célébré, non-seulement dans Antioche, mais encore dans toutes les autres
villes de Syrie.

Ce ne fut pas la seule persécution qu'eurent à subir
les Juifs d'Antioche : leurs marchés, leurs archives, le
greffe où ils conservaient leurs actes et leurs palais furent brûlés ; et l'embrâsement fut si grand que l'on eut
toutes les peines du monde à empêcher que la ville entière ne fût réduite en cendres. Antiochus s'empressa
d'en rejeter la responsabilité sur les Juifs, et il ne trouva
les habitants que trop disposés à prêter confiance à
ses calomnies, d'autant plus que, lors même qu'ils
n'eussent pas été animés comme les Juifs d'une haine
profonde, les accusations précédentes semblaient avoir
trouvé leur confirmation dans ce terrible incendie.

La passion les aveugla même au point qu'ils s'imagi-
nèrent avoir vu les Juifs allumer le feu. Ils coururent
en masse pour les égorger, et l'eussent fait sans l'inter-
vention de Colléga, qui commandait dans la ville en
qualité de lieutenant du gouverneur romain, Césennius
Pison, alors absent ; ce ne fut pas sans une peine extrême qu'il parvint à contenir et à calmer un peu cette

population furieuse, et à lui persuader de s'en remettre, sur ce qui était arrivé, au jugement de Titus. Il fit faire ensuite une information très-exacte, et il se trouva que les Juifs étaient innocents du crime dont on les accusait, et qui avait été commis par des gens accablés de dettes, qui espéraient, par ce moyen, se préserver des poursuites que l'on pourrait intenter contre eux, parce que, les dépôts des archives brûlés, leurs créanciers n'auraient plus de titres à faire valoir contre eux. Cependant, et quelque innocents qu'ils fussent, les Juifs n'attendaient qu'avec anxiété quel serait le résultat d'une accusation si calomnieuse, mais si grave. Les pièces de l'enquête furent envoyées à Titus : ce prince répondit qu'avant de rendre son arrêt, il désirait voir les choses de ses propres yeux, et qu'en conséquence il se rendrait à Antioche. Quand les habitants surent que Titus venait vers leur ville, ils en eurent une joie extrême, et le jour où il devait arriver, ils se rendirent au devant de lui, avec leurs femmes et leurs enfants, jusqu'à une distance de trente stades. Au moment où il passa, ils se placèrent en haie des deux côtés de la route, et, tendant les mains, poussaient de grands cris mêlés d'instantes prières, pour qu'il chassât les juifs de leur ville. Mais le César les écouta sans leur répondre. On se ferait difficilement une idée des craintes des Juifs, durant ce temps, dans l'incertitude où ils étaient de ce qu'il ordonnerait dans une affaire où il s'agissait de leur ruine entière. Ils ne le surent point ce jour, non plus que les habitants d'Antioche, car Titus, sans s'arrêter dans leur ville, ne fit que la traverser pour se rendre à Zugma sur l'Euphrate, où l'attendaient les ambassadeurs de Vologèse, roi des Parthes, qui lui présentèrent une couronne d'or en témoignage de la part qu'ils prenaient à ses succès sur les Juifs. Ce ne fut qu'au retour de ce voyage qu'il se rendit à Antioche, pour terminer le procès pendant entre les Juifs et le reste de la population. Le sénat et les magistrats le prièrent avec instance d'aller au théâtre où les habitants étaient assemblés. Il y consentit gracieusement : au moment où il entra, il fut accueilli par de grandes acclamations, mais aussi par les mêmes prières de chasser les Juifs. Le César leur répondit qu'il ne voyait pas où il pourrait reléguer ces malheureux, puisque la seule ville où il eût pu les envoyer était détruite et ne pouvait plus les recevoir. Ils le supplièrent alors de vouloir au moins faire enlever les tables d'airain sur lesquelles on avait gravé les priviléges de cette nation, et de l'en priver ; mais il ne leur accorda pas davantage cette seconde demande, et ne tarda pas à quitter la ville pour passer en Egypte, laissant la contestation entre les Juifs et les autres habitants, dans l'état où il l'avait trouvée.

Vespasien et son second fils Domitien voulurent aller au-devant de Titus et recevoir le vainqueur ; le specta-

comme de la tige d'un arbre, s'élevaient sept branches cannelées, au bout de chacune desquelles étaient un chandelier en forme de lampe : le nombre de ces branches était destiné à rappeler le septième jour, le jour du sabat, si révéré chez les Juifs. La chose du monde pour laquelle ce peuple avait plus de vénération, le livre de la loi, fermait cette exposition magnifique de tant de dépouilles conquises par les Romains. Elle était suivie des statues de la Victoire, statues en or que l'on portait devant le char des triomphateurs.

Vespasien, entouré de ses deux fils, Titus et Domitien, somptueusement vêtus, les deux premiers sur un char, le dernier à cheval, s'avançaient, en effet, après ces statues et fermaient la marche.

Le cortége se rendit en cet ordre au temple de Jupiter-Capitolien, où il s'arrêta jusqu'à ce que, selon l'ancienne coutume, on eût annoncé la mort du chef des ennemis. Celui que les Romains considérèrent comme tel fut Simon, fils de Gioras : il parut d'abord dans le triomphe, au milieu des autres captifs, puis on le traîna, la corde au cou, jusqu'au lieu du supplice, sur la place du Grand-Marché, où on le battit de verges, et on l'exécuta publiquement. Aussitôt que l'on eut annoncé sa mort et que chacun en eût témoigné sa joie par ses applaudissements, on offrit les sacrifices usités en pareille circonstance, en les accompagnant de vœux et de prières. Quand ces cérémonies furent achevées, les empereurs se retirèrent dans le palais où ils firent un grand festin. Il s'en fit d'autres en même temps dans toute la ville; et partout l'on fêta ce jour, et l'on rendit grâce aux dieux de la victoire remportée sur les ennemis, et de ce que l'on considérait comme celui de la fin de la guerre civile et du commencement d'une ère de félicité.

Après ce triomphe, Vespasien, voyant la paix affermi dans l'empire, consacra le prix d'une partie du butin pris sur les Juifs à faire construire, avec une rapidité étonnante, un temple dédié à la paix : il l'orna de tableaux des plus grands maîtres, et de ceux qui avaient figuré dans la cérémonie du triomphe; il y plaça aussi la table d'or, le chandelier aux sept branches et la grande partie des riches dépouilles enlevées au temple de Jérusalem : glorieux trophée destiné à attester aux générations futures les victoires remportées par lui et par son fils Titus. Il se réserva cependant le livre de la loi et les voiles de pourpre du temple, et les fit garder soigneusement dans son palais.

Quoique les victoires que ces deux princes avaient remportées sur les Juifs eussent écrasé ce peuple et l'eussent mis pour longtemps hors d'état de se soulever, toute la Judée n'était pas encore entièrement pacifiée; quelques places, occupées par des factieux et des bandes

de brigands, tenaient encore. Mais les empereurs, après
avoir terminé en personne la partie la plus glorieuse
mais aussi la plus difficile de la guerre, crurent devoir
laisser le reste à leurs lieutenants. Lucilius-Bassus fut,
en conséquence, envoyé en Palestine : ce général prit
d'abord, par capitulation, le château d'Hérodion; puis,
ayant reçu des renforts, il se prépara à attaquer le château de Machéron, forteresse importante et presque
inexpugnable par sa position au sommet d'une haute
montagne hérissée de rochers et environnée de tous côtés
par des vallées profondes et presque infranchissables.
Celles de ces vallées qui s'étend du côté de l'occident, a
soixante stades de longueur et se termine au lac Aspha-
lite : c'est de ce côté que la hauteur du château frappe
le plus et apparaît le mieux; les autres vallées qu'il
domine ne sont d'ailleurs ni moins profondes que celles-
ci, ni d'un accès plus facile. Frappé de la force de cette
assiette, Alexandre, roi des Juifs, y bâtit le premier un
château, que Gabinius ruina lors de la guerre qu'il fit à
Aristobule. Hérode le rétablit pour en faire un boule-
vard contre les Arabes de cette frontière; il fit même
plus, il y construisit une ville qu'il couvrit d'une cein-
ture de fortes murailles et de tours, communiquant avec
le château. Celui-ci dominait la ville et avait des tours de
soixante coudées de haut, à chacun des angles de ses
murailles. Au centre du fort se trouvait un palais ma

moins admirable par sa beauté que par sa grandeur.
Plusieurs citernes que l'on y avait creusées mettaient
ceux qui y demeuraient à l'abri de toute crainte de manquer jamais d'eau. Rien, du reste, n'avait été oublié de
tout ce que l'art pouvait ajouter à la force d'une posi
tion pour laquelle la nature avait déjà tout fait. Un ar-
senal parfaitement approvisionné d'armes de toutes
sortes complétait les ressources que ce château offrait à
ses défenseurs.

Bassus reconnut cette position et se décida à l'attaquer du côté de l'orient. Il fit combler la vallée dans
cette direction; puis, ses soldats se mirent à travailler
avec diligence à élever des terrasses assez hautes pour
que l'on pût aborder et battre le château. Les Juifs qui
en formaient la garnison obligèrent les habitants à se
retirer dans la ville, où ils devaient avoir à soutenir les
premiers efforts des assiégeants; quant à eux, ils se ré-
servaient pour la défense du château ; outre qu'ils étaient
beaucoup plus forts et plus sûrs, ils espéraient bien,
s'ils ne pouvaient forcer les Romains à lever le siége,
d'obtenir au moins une capitulation favorable. Ils firent
donc des sorties et essayèrent d'interrompre les assiégeants dans leurs travaux; mais un accident imprévu
ne tarda pas à les contraindre à rendre la place. Ils
comptaient dans leurs rangs un jeune homme nommé
Eléazar, vigoureux et très-brave. Il se signalait dans

toutes les sorties, incommodait les travailleurs de la terrasse, soutenait et enflammait, par son exemple, le courage des assiégés, et, quand il fallait se retirer, après une sortie, leur en facilitait les moyens en se plaçant à l'extrême arrière-garde où il soutenait les efforts des ennemis. Un jour, après une sortie et lorsque ceux qui en faisaient partie étaient déjà rentrés dans la place, il resta dehors, s'arrêtant et se mettant à causer avec ceux qui étaient au haut des murailles, comme pour donner aux assiégeants un signe énergique de son mépris pour eux, et leur porter le défi de commencer le combat. En ce moment, un égyptien, qui servait dans l'armée romaine en qualité de soldat, sortit de son rang, s'élança en avant, surprit Eléazar, l'enleva tout armé qu'il était, et l'emporta dans le camp à la vue des Juifs stupéfaits. Bassus le fit porter en présence de ses frères assiégés, dépouiller de ses vêtements, étendre tout nu et battre de verges. Ils accoururent aussitôt en foule sur la muraille, et leur douleur remplit l'air de gémissements : jamais on n'avait vu le malheur d'un simple particulier soulever de tels cris et de telles plaintes. Pour profiter de ce mouvement de compassion et l'augmenter même, et obliger les assiégés à lui livrer la place pour sauver la vie d'un jeune homme qui leur était si cher, Bassus fit dresser une croix comme s'il eût voulu le faire crucifier. L'instrument du supplice ne fut pas plus tôt élevé, que les cris redoublèrent : en même temps Eléazar suppliait ses compatriotes de ne pas le laisser périr si misérablement et de penser aussi à leur propre salut sans prétendre résister encore aux Romains, après que tous les autres avaient été contraints de leur céder. Cette prière, appuyée par les discours que les parents du jeune prisonnier tenaient aux assiégés pour les émouvoir en sa faveur, toucha si vivement ceux qui défendaient le château, qu'ils se décidèrent à demander à capituler. Ils offrirent donc, pour sauver Eléazar, de rendre la place à condition qu'ils pourraient se retirer où ils voudraient. Bassus y consentit avec empressement. Cependant, les habitants et la garnison de la ville, ayant appris ce traité, fait sans leur participation, résolurent de s'enfuir pendant la nuit. Mais la garnison du château, soit par envie, soit qu'ils craignissent que Bassus ne le trouvât mauvais et ne s'en prît à eux, lui donnèrent avis de ce projet. Ce général en profita, de telle sorte qu'il n'y eut que ceux qui sortirent les premiers et qui étaient les plus déterminés qui se sauvèrent ; les autres, au nombre d'environ dix-sept cents, furent tués, et leurs femmes et leurs enfants faits esclaves. Quant à ceux du château, Bassus tint la parole qu'il leur avait donnée, et toutes les clauses de la capitulation.

Les Juifs qui s'étaient échappés de Machéron se réfugièrent dans une forêt voisine ; les Romains en eurent

8

connaissance ; ils marchèrent contre eux, et environnèrent la forêt, afin qu'aucun des fugitifs ne pût s'échapper. Bassus ordonna ensuite à son infanterie de couper
les arbres. Les Juifs, réduits ainsi à essayer de s'ouvrir
un passage par la force, se précipitèrent sur l'ennemi
tous ensemble avec une grande vigueur et en poussant
de grands cris, mais les Romains les accueillirent avec
leur calme et leur courage ordinaires. L'audace des fugitifs d'une part, et la fermeté inébranlable des légionnaires de l'autre, maintinrent longtemps le combat.
Mais enfin les Romains demeurèrent maîtres du champ
de bataille, couvert des corps de trois mille Juifs qui
s'étaient sauvés de Machéron : pas un n'avait échappé.
Ces malheureux étaient commandés par Judas, qui était
un des chefs des factieux au siége de Jérusalem, et qui
s'était sauvé de cette ville par les égouts.

Nous avons vu que plusieurs de ces misérables occupaient le fort de Massada sous le commandement d'Eléazar, leur digne chef, et que le nouveau gouverneur romain, Sylvia, avait résolu d'attaquer et prendre cette
forteresse, dernier asile de la révolte dans sa province.
Il s'en approcha à la tête d'une petite armée ; occupa, au
moyen de garnisons, tous les ports voisins qui lui paru-
rent de quelque importance, fit construire autour de la
place un mur de circonvallation pour couper aux assiégés toute retraite et toute communication avec le dehors

et enfin prit lui-même son quartier à l'endroit où les
rochers, sur lesquels étaient bâti le château, rejoignaient
la montagne voisine. Un des plus grands obstacles que
les assiégés rencontrassent dans ce siége, c'était l'extrême difficulté qu'il y avait pour eux à se procurer des
vivres : ce n'était pas seulement des aliments qu'il fallait
aller chercher au loin avec des fatigues mortelles pour
les Juifs qu'on y employait ; mais l'eau même, qui man-
quait dans cette contrée où il n'y a ni fontaines, ni fleu-
ves, et où il ne pleut que rarement. A ces difficultés se
joignait celles de la force de la place. Le château était
construit au sommet d'un rocher très-haut, à pentes es-
carpées et environné de tous côtés de profondes vallées
Inaccessible presque de toutes parts, cette forteresse ne
communiquait avec la plaine que par deux chemins ru-
des et pénibles, dont l'un, du côté de l'orient, monte
vers lui du lac Asphallite, et l'autre, du côté du cou-
chant, le fait communiquer avec la Palestine. On a donné
à l'un de ces chemins le nom de couleuvre, parce qu'il
forme de nombreux plis et replis, et que les rochers à
travers lesquels il est frayé, l'obligent fréquemment de
tourner autour d'un même point et de revenir presque
sur lui-même pour avancer peu à peu ; l'on n'y marche
qu'à grande peine et avec des précautions continuelles,
car le moindre faux pas serait mortel et précipiterait le
voyageur, du haut des rochers, dans des gorges et des

profondeurs que les plus hardis n'osent contempler sans
pâlir. La longueur de ce chemin est de trente stades.
Le sommet du rocher n'est pas terminé en pointe, mais
en une surface plane assez étendue.

Le grand pontife Jonathas avait lui-même autrefois
choisi cet emplacement pour y bâtir un château auquel
il donna le nom de Massada ; après lui, Hérode n'épargna rien pour ajouter à la force de cette position : il
l'environna d'un mur construit en pierre blanches de
douze coudées de haut et de huit de large. Ce mur avait
sept stades de circonférence, et était flanqué de trente-
sept tours, hautes chacune de cinquante coudées. Des
logements spacieux avaient été ménagés dans l'intérieur
de la forteresse pour une nombreuse garnison. On avait
aussi tiré parti de tout le terrain que n'occupaient pas
les bâtiments ; et Hérode l'avait fait cultiver pour qu'il
offrît quelques ressources à ceux qui chercheraient leur
sûreté dans cette place, s'ils ne pouvaient renouveler
eurs vivres ailleurs. Le même prince avait fait élever,
dans l'enclos de Massada, du côté du nord, un palais
magnifique, dont les quatre angles étaient garnis de
tours hautes de soixante coudées. Les appartements de
ce palais, les galeries et les bains étaient admirables ;
des colonnes d'une seule pierre les soutenaient, et le pavé
en était de marbre et de mosaïque. De nombreuses citernes, taillées dans le roc, assuraient à la garnison une

abondante provision d'eau. Un chemin creusé dans les
rochers conduisait du palais au château ; mais ce chemin
ne pouvait être vu dehors. A mille coudées en avant de
la place, du côté de l'Orient, dans la partie la plus étroite
du chemin qui menait au château dans cette direction,
une tour fermait le passage et interdisait l'accès du rocher de ce côté ; en outre, tout ce chemin avait été fait
de telle sorte qu'il était difficile d'y marcher, lors même
que l'on n'y eût pas rencontré d'obstacle. L'art et la nature avaient rendu cette place inexpugnable. On y avait
rassemblé des provisions de toute espèce, et surtout du
blé en telle abondance qu'il y en avait de quoi nourrir
la garnison pendant plusieurs années. Quand Eléazar
surprit ce château et s'en empara, il trouva toutes ses
choses aussi saines que lorsqu'elles y avaient été mises,
quoiqu'il y eût près de cent ans qu'elles y étaient ; ce que
l'on doit attribuer sans doute à ce que ce lieu, étant fort
élevé, l'air y était si pur qu'il était difficile que rien s'y
corrompît. Les arsenaux de Massada contenaient, outre
des armes pour dix mille hommes, une grande quantité
de fer, de cuivre et de lingots: tous ces préparatifs avaient
été faits par Hérode, parce que ce prince voulait s'assurer une retraite dans ce château, au cas où il fût tombé
dans l'un des deux périls qu'il craignait par-dessus tout
une révolte des Juifs, pour rétablir sur le trône la race
des rois Asmonéens, ou, ce qu'il appréhendait bien plus

encore, une tentative de la reine Cléopâtre pour le faire
tuer, dans le but de s'emparer de son royaume. C'était,
en effet, un des projets de cette princesse ; et, comme
Hérode en était informé, il avait mis le château de Massada en état de lui offrir un refuge assuré, et l'avait si
bien fortifié que, bien que ce fût la seule place insoumise,
les Romains ne pouvaient, avant de l'avoir prise , se flatter d'avoir terminé la guerre contre les Juifs.

Quand le mur de circonvallation, que Sylva avait fait
élever autour de la place fut achevé, ce général chercha
le côté faible ou le plus accessible par où il pourrait di-
riger son attaque. Il n'en trouva qu'un seul qui lui parut propre à cet objet : c'était au-delà de cette tour, qui
barrait le chemin par lequel on montait au palais et au
château ; il y avait là un roc nommé Leucé, c'est-à-dire
blanc, plus large, mais moins haut de trois cents coudées que celui sur lequel était bâti la forteresse. Sylva
s'y établit d'abord de force, puis il y fit apporter de la
terre par ses soldats ; ils y travaillèrent avec tant d'acti-
vité, qu'ils y élevèrent une masse de cent coudées de
hauteur. Mais ce terre-plain ne parut pas à Sylva suffi-
samment solide pour soutenir les machines. Il le fit
donc surmonter d'un vaste cavalier construit en grosses
pierres et ayant cinquante coudées de haut et autant de
large.

On éleva sur ce cavalier une tour de soixante coudées

de haut, toute revêtue de fer en dehors ; du sommet de laquelle les Romains lançaient sur les assiégés une grêle de flèches et de pierres qui les empêchaient de se montrer sur la partie de la muraille qui était exposée. Quand les défenseurs du château eurent été ainsi écartés du côté que l'on voulait attaquer, les Romains firent avancer et jouer un bélier, mais ils éprouvèrent une peine extrême à faire brèche dans le mur ; et les assiégés construisirent d'ailleurs, avec une incroyable diligence, derrière le premier mur, un second qui n'eut plus à craindre l'effort des machines. En effet, n'étant pas d'une matière qui résistât, il amortissait les coups du bélier, en cédant à leur violence. Ils avaient disposé des rangs de grosses poutres emboîtées les unes dans les autres, qui, avec l'espace qui les séparaient, avaient autant de largeur que le mur : l'intervalle était remplie de terre soutenue par d'autres poutres, afin qu'elle ne pût s'écrouler. On eût pris cet ouvrage pour quelque grand bâtiment. Les coups des machines, en frappant dessus, bien loin d'en rien ébranler, pressaient et rendaient encore plus compacte cette terre argileuse.

Mais si ce rempart défiait le bélier, il n'était point à l'épreuve du feu. Sylva fit amonceler au pied de ces poutres une grande quantité de matières combustibles qu'on alluma. Le feu prit au bois, gagna jusqu'au gazon du rempart, et bientôt on vit s'élever une grande flamme. Le

vent du nord qui soufflait en ce moment poussa d'abord
une poussière embrasée du côté des Romains et menaça
d'incendier leurs machines. Tout-à-coup, comme si Dieu
se fût déclaré en leur faveur, le vent changea, et, passant
au midi, fit retourner cette flamme contre le mur des
Juifs, et en augmenta de telle sorte l'embrasement, qu'il
brûla entièrement du haut en bas. Reconnaissant le secours
que Dieu leur prêtait en cette circonstance, les Romains
retournèrent avec grande joie dans leur camps, bien
décidés à donner l'assaut le lendemain, dès la pointe du
jour ; ils doublèrent en outre leurs corps de-garde, pour
empêcher que les assiégés ne s'échappassent.

Leurs craintes à cet égard étaient mal fondées ; Éléazar était fort éloigné de vouloir se sauver, et même de
permettre à qui que se fût d'y songer. La seule pensée
qui lui vint à l'esprit lorsqu'il vit ce dernier rempart
réduit en cendres, et toute espérance du salut évanouie,
ce fut de se délivrer lui et les siens avec leurs femmes
et leurs enfants, des outrages et des maux que les Romains
leur feraient subir lorsqu'ils seraient maîtres de la place,
et, par un discours chaleureux, il s'efforça d'exciter ses
compagnons à éviter, par un suicide, qui eût mis le comble à leurs crimes, les supplices ou l'esclavage qui eussent été le juste châtiment qu'ils avaient mérité ; mais
son discours ne fut pas accueilli de même par tous ses
auditeurs : les uns en furent touchés au point qu'ils

brûlaient d'impatience de terminer leurs jours par une mort qui leur paraissoit si glorieuse ; les autres, émus de compassion pour leurs femmes, leurs enfants et eux-mêmes, s'entre-regardaient, et témoignaient par leurs larmes qu'ils n'étaient pas de ce sentiment. Eléazar, craignant que la faiblesse des uns n'amollit le courage des autres, reprit son discours avec plus de force ; et, pour les toucher tous par la considération de l'immortalité de l'âme, il le commença en regardant fixement ceux qui pleuraient :

« Je vois que je me suis trompé, leur dit-il, en vous prenant pour des gens de cœur qui aimeraient mieux mourir glorieusement que de vivre avec infamie. » Le méchant ne craignit pas ensuite de s'appuyer sur les saintes écritures et sur le dogme sacré de l'immortalité de l'âme, pour engager ceux de ses compagnons qui hésitaient, à commettre un suicide, et pour fortifier dans leur résolution ceux qui avaient favorablement accueilli son premier discours.

Il ne réussit que trop bien ; ses paroles émurent profondément ceux auxquels il s'adressait, et tous l'interrompaient pour le presser d'en venir à l'exécution. Ils étaient transportés de fureur, et donner la mort à leurs femmes, à leurs enfants et à eux-mêmes, leur paraissait non-seulement une action généreuse entre toutes, mais même une choses désirable ; ils n'avaient qu'une crainte, c'était que

quelqu'un ne leur survécût. Ils allèrent vers leurs femmes et leurs enfants, les embrassèrent, leur firent, en
fondant en larmes, leurs derniers adieux, leur donnèrent
les derniers baisers ; puis, comme si leurs mains eussent
été des mains étrangères, ils exécutèrent leur funeste
résolution en leur représentant la dure nécessité où ils
étaient de s'arracher ainsi le cœur à eux-mêmes en leur
arrachant la vie, pour les préserver des outrages qu'ils
auraient eus à subir de la part des ennemis, s'ils étaient
tombés vivants en leur pouvoir. Pas un seul ne sentit son
courage faiblir dans une œuvre aussi tragique : tous tuèrent leurs femmes et leurs enfants, et dans la persuasion
que l'extrémité à laquelle ils étaient réduits, les y contraignait, cet horrible carnage n'était plus à leurs yeux
que le moindre des maux qu'ils avaient à redouter. Mais
ils ne l'eurent pas plutôt achevé que, ne pouvant plus
supporter l'existence après la perte de personnes qui
leur étaient aussi chères, ils se hâtèrent de réunir tout
ce qu'ils possédaient encore, en firent un monceau auquel
ils mirent le feu, puis s'en rapportèrent à la voie du sort
pour qu'il en désignât dix d'entre eux qui tueraient tous
les autres.

Alors chacun d'eux alla se placer près des corps des
siens, et les tenant embrassés, présenta la gorge aux
exécuteurs. Ceux qui avaient été chargés par le sort de
cet épouvantable ministère, s'en acquittèrent froidement

et sans témoigner la moindre émotion. Quand ils eurent fini, ils s'en rapportèrent encore au hasard par le choix de celui qui devait tuer les neuf autres, et ceux-ci s'offrirent à leur tour avec la même impassibilité qu'avaient fait les premiers. Le dixième, se voyant seul, regarda de tous côtés et s'assura qu'il n'y avait plus personne que eût besoin de son horrible assistance, pour être délivré e ce qui lui restait de vie; quand il eut reconnu que tous étaient morts, il mit a feu au palais; et après s'être rapproché des corps de ceux qui lui avaient été chers, il acheva, d'un coup qu'il se donna, cette sanglante tragédie.

Ces effroyables calamités avaient été annoncées au peuple juif long-temps d'avance. Il pouvait s'y attendre et aussi s'en préserver, s'il n'eût été aveuglé par l'orgueil et par la chair. Jérusalem et son temple ont été détruits deux fois, l'une par Nabuchodonosor, l'autre par Titus; mais en ces deux occasions la justice de Dieu s'est manifestée sous des formes différentes: l'un des deux châtiments devaient être transitoire; l'autre, à peu près sans rémission.

Nous avons vu l'histoire étrange, racontée par Josèphe, de cet homme qui, pendant sept ans, parcourut la Judée, criant: *Malheur, malheur à Jérusalem*, sans que jamais on entendît de lui que cette terrible parole : *Malheur à Jérusalem, malheur !* Ne dirait-on pas que la vengeance ;

divine s'était comme rendue en cet homme qui ne subsistait que pour prononcer ses arrêts ; qu'elle l'avait rempli de sa force, afin qu'il pût égaler les lamentations aux calamités. Ce prophète de malheur s'appelait Jésus : comme si le nom de Jésus, nom de salut et de paix, devait, lui aussi, devenir d'un funeste présage pour les Juifs qui l'avaient méprisé en la personne de notre Seigneur ; et afin que ceux qui avaient rejeté un Jésus qui leur annonçaient la miséricorde et la vie reçussent un autre Jésus, messager de mort et de malheurs.

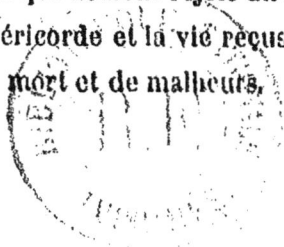

LIMOGES. — IMPRIMERIE DE BARBOU FRÈRES.

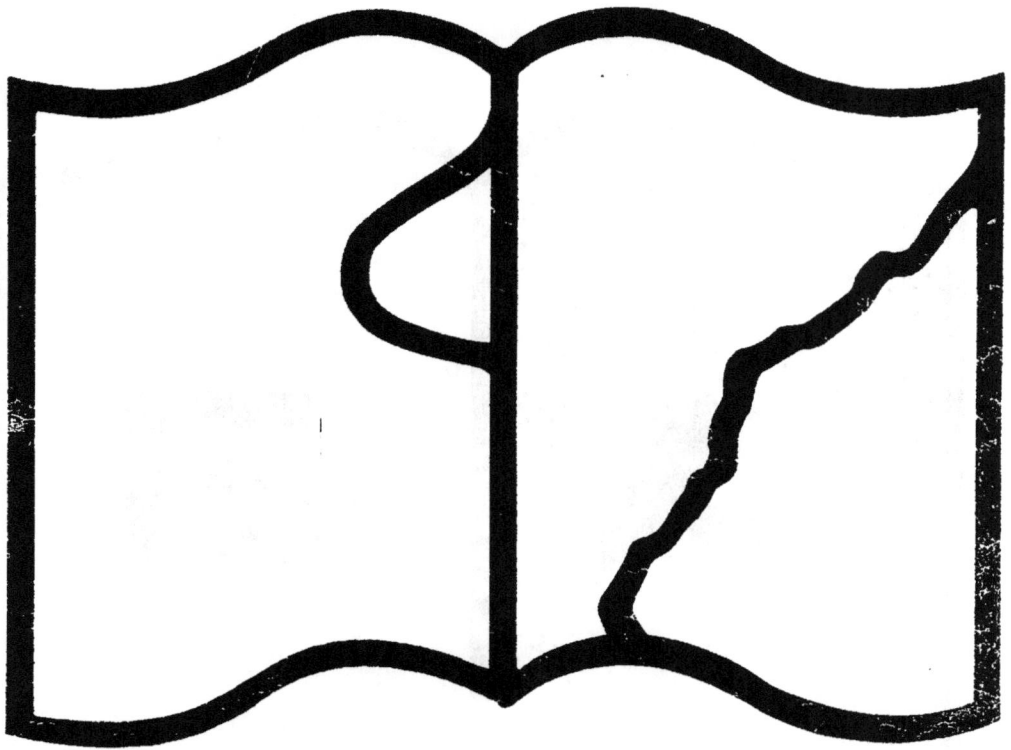

Texte détérioré — reliure défectueuse

NF Z 43-120-11

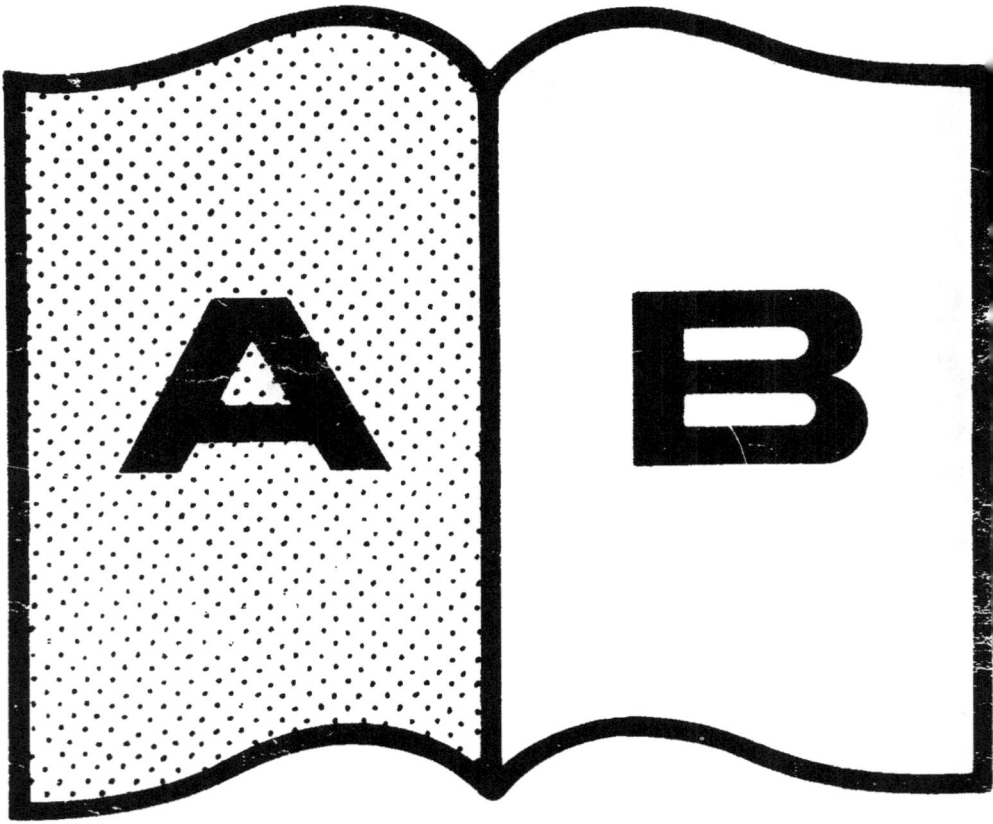

Contraste insuffisant

NF Z 43-120-14

www.ingramcontent.com/pod-product-compliance
Lightning Source LLC
Chambersburg PA
CBHW071800090426
42737CB00012B/1890